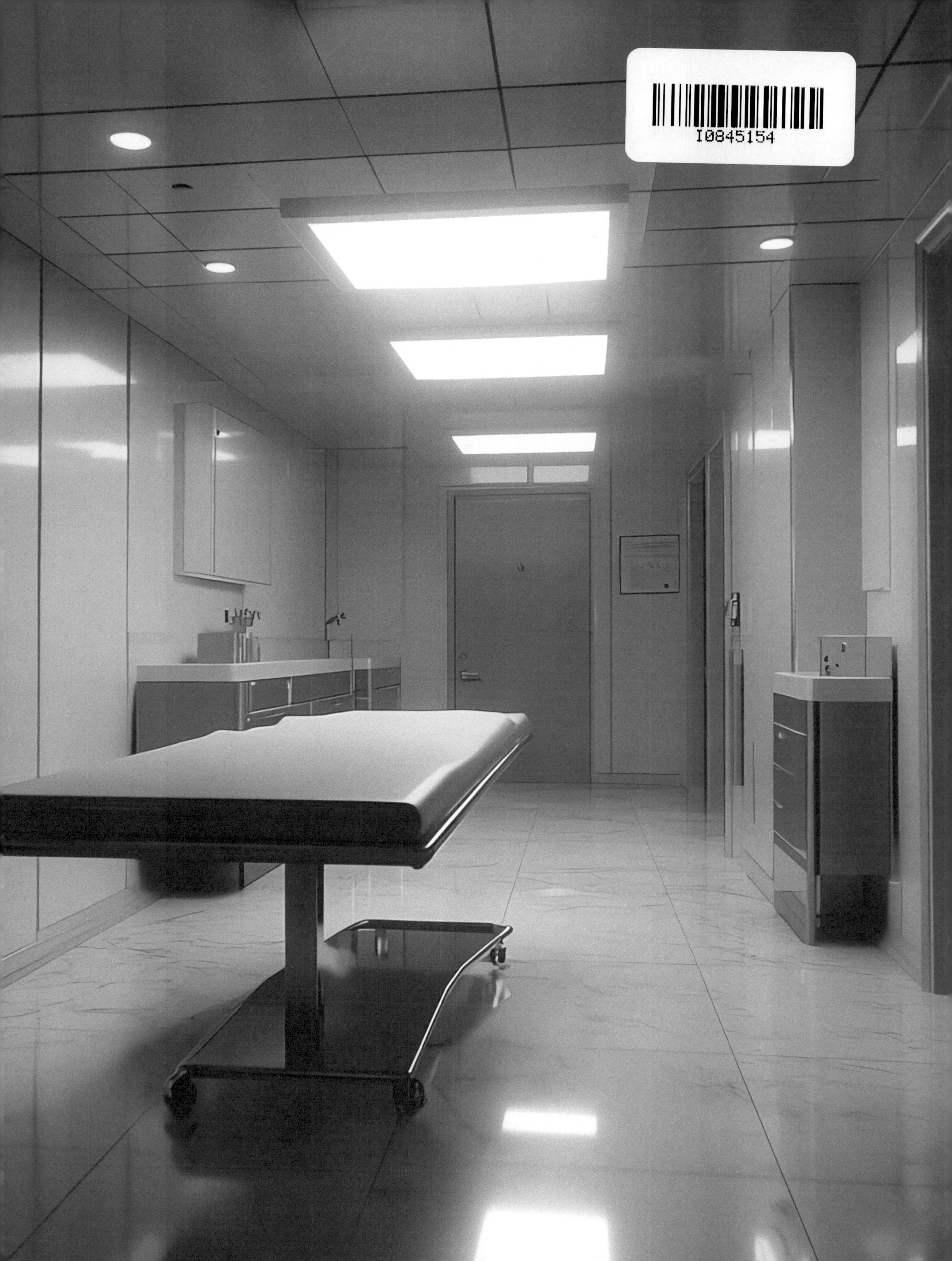

I0845154

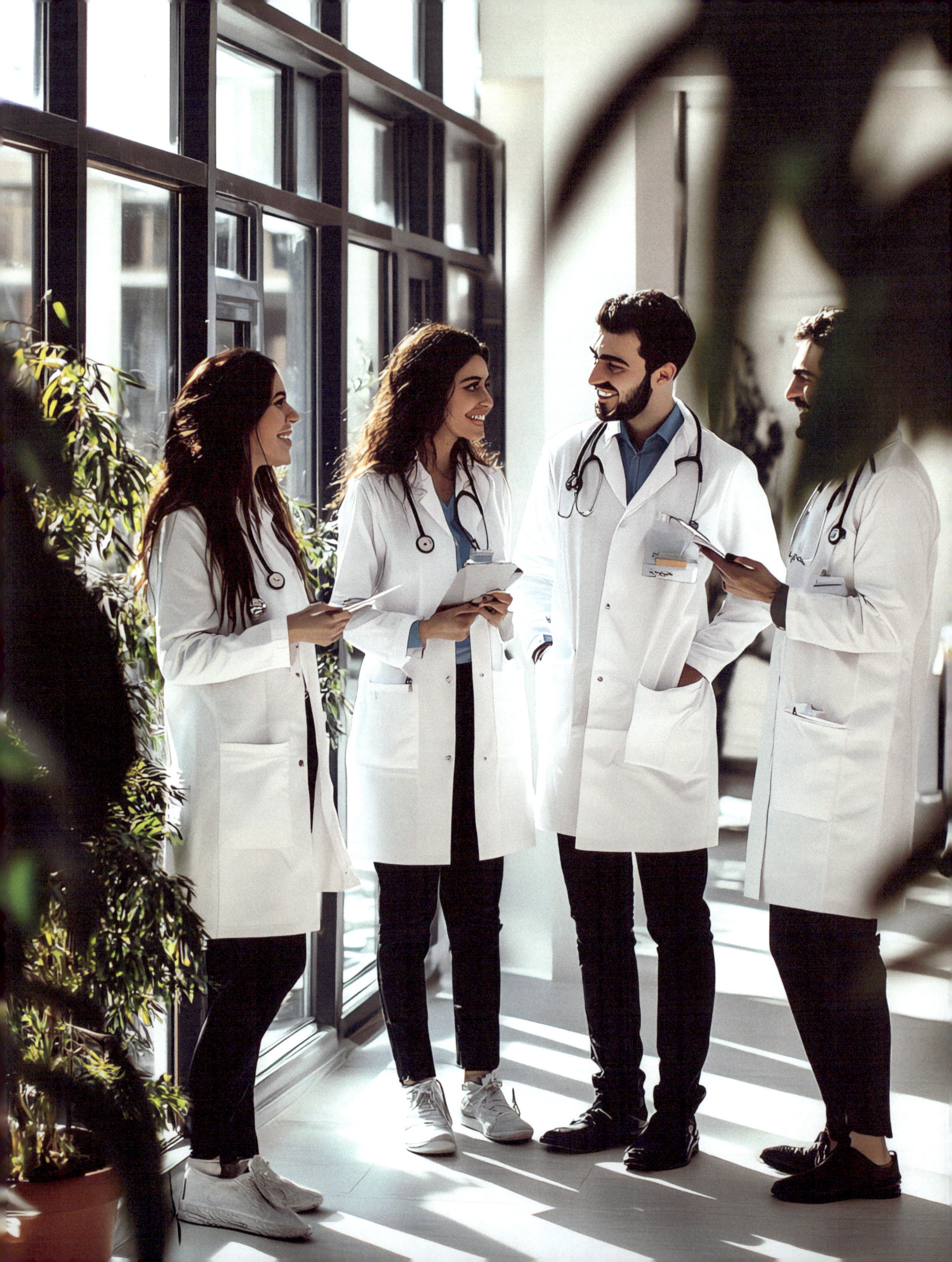

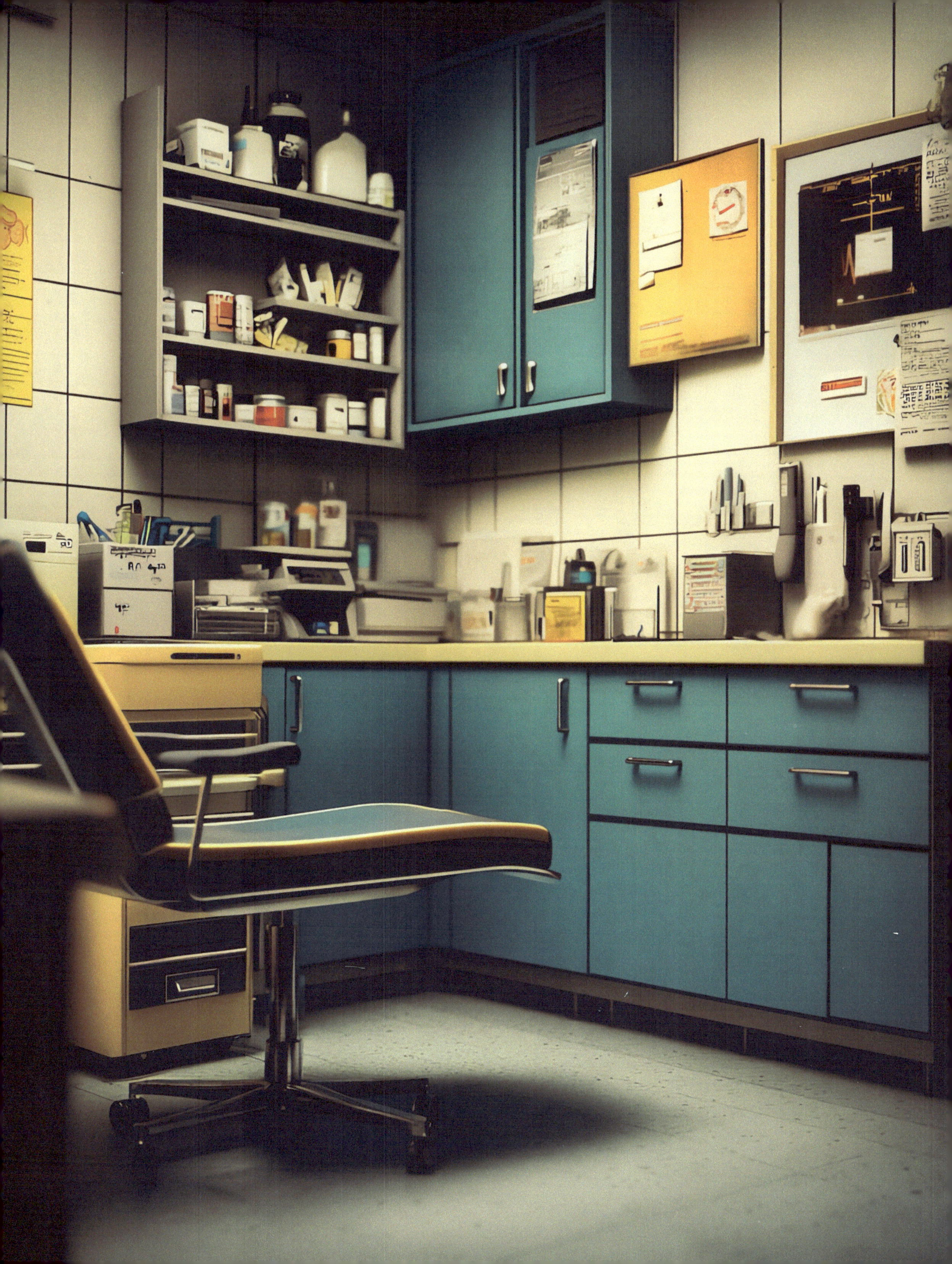

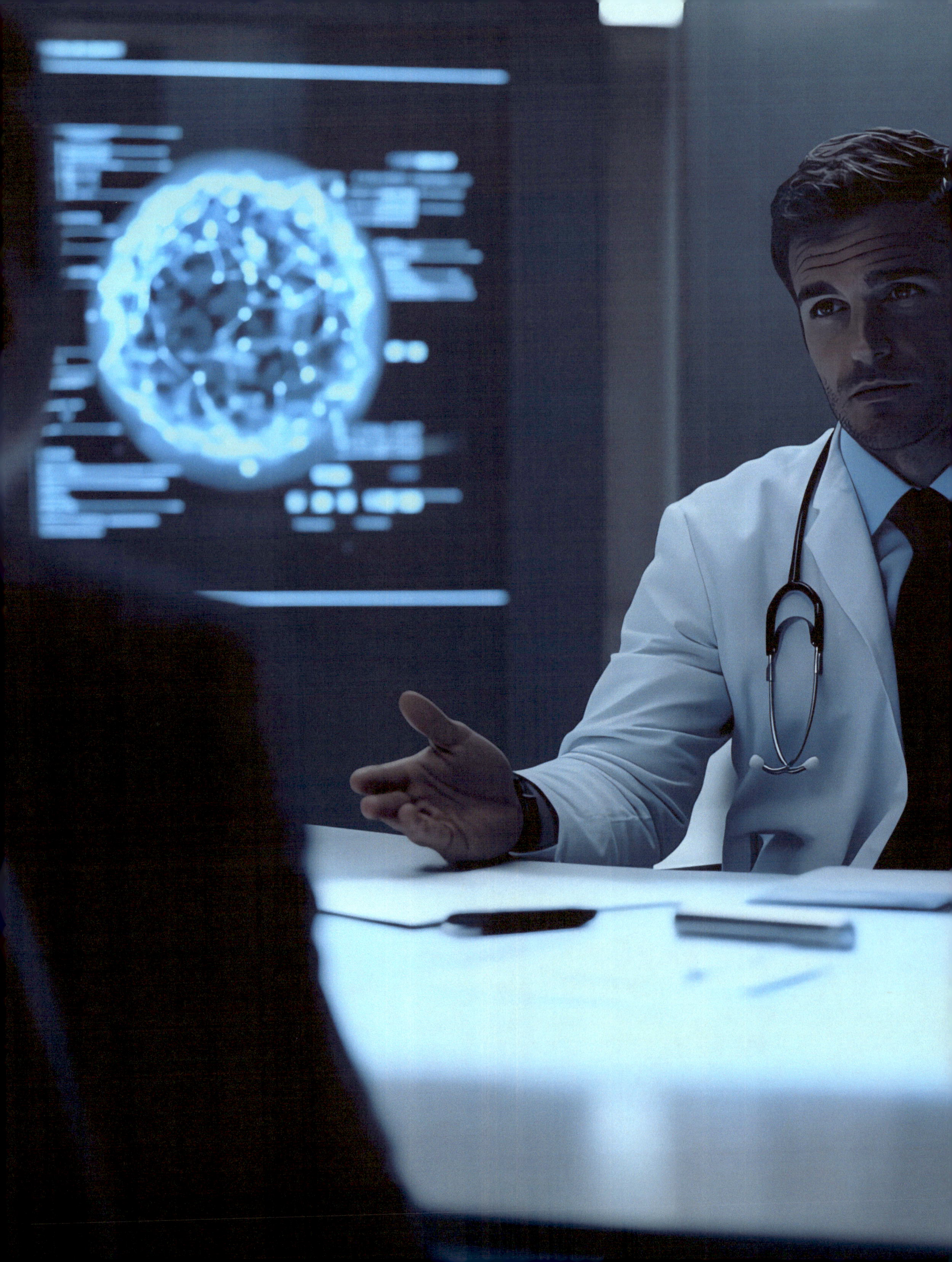

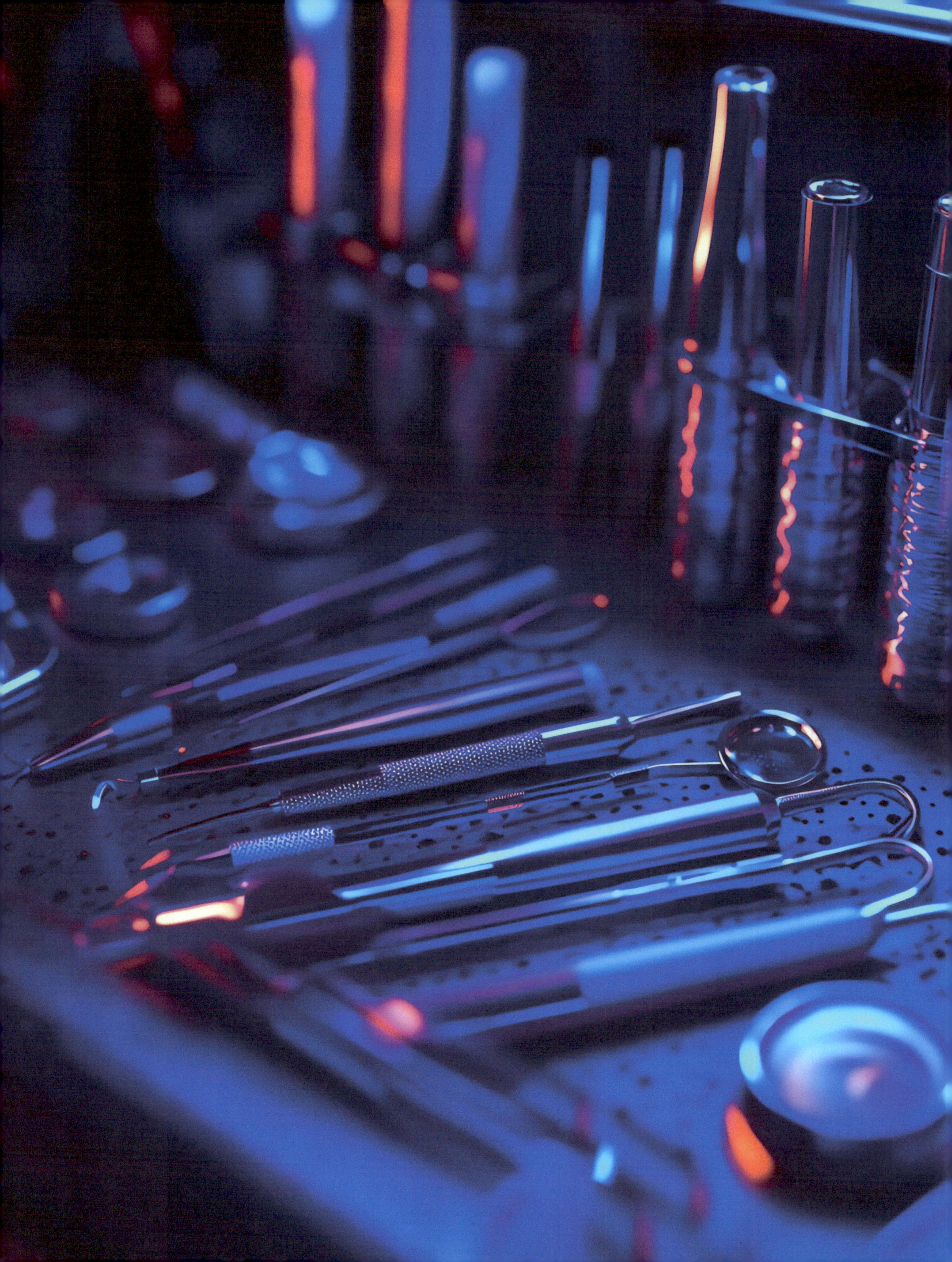

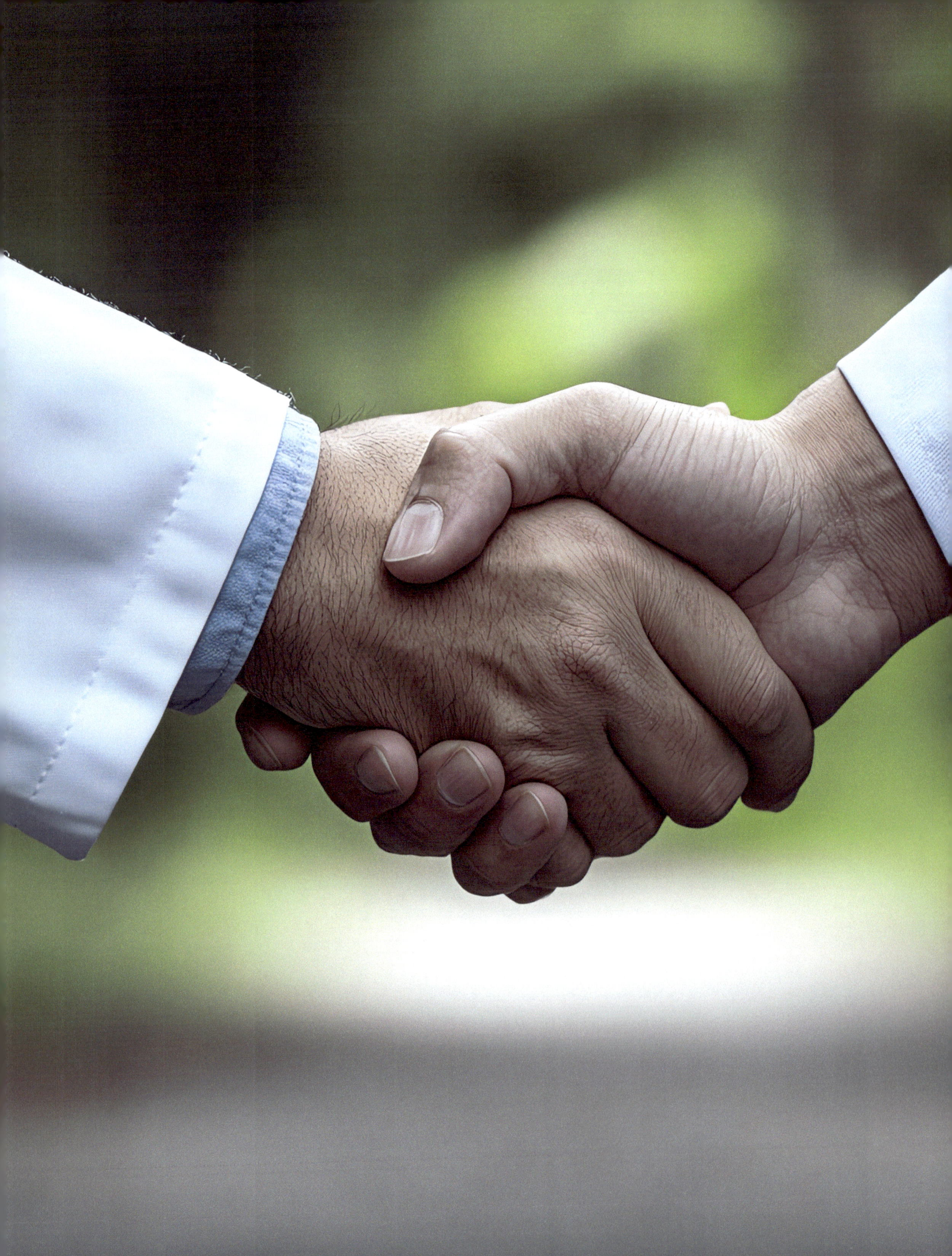

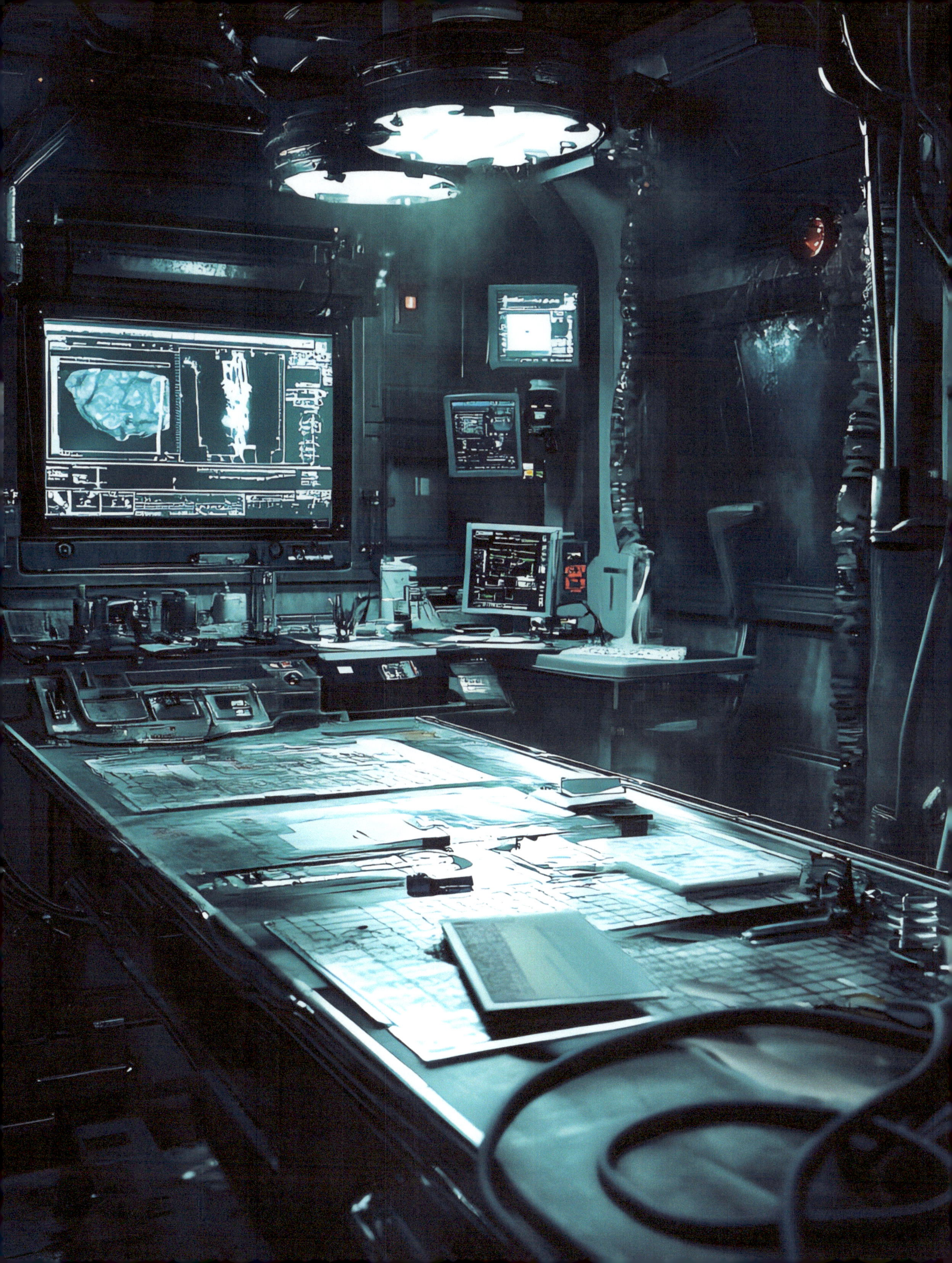

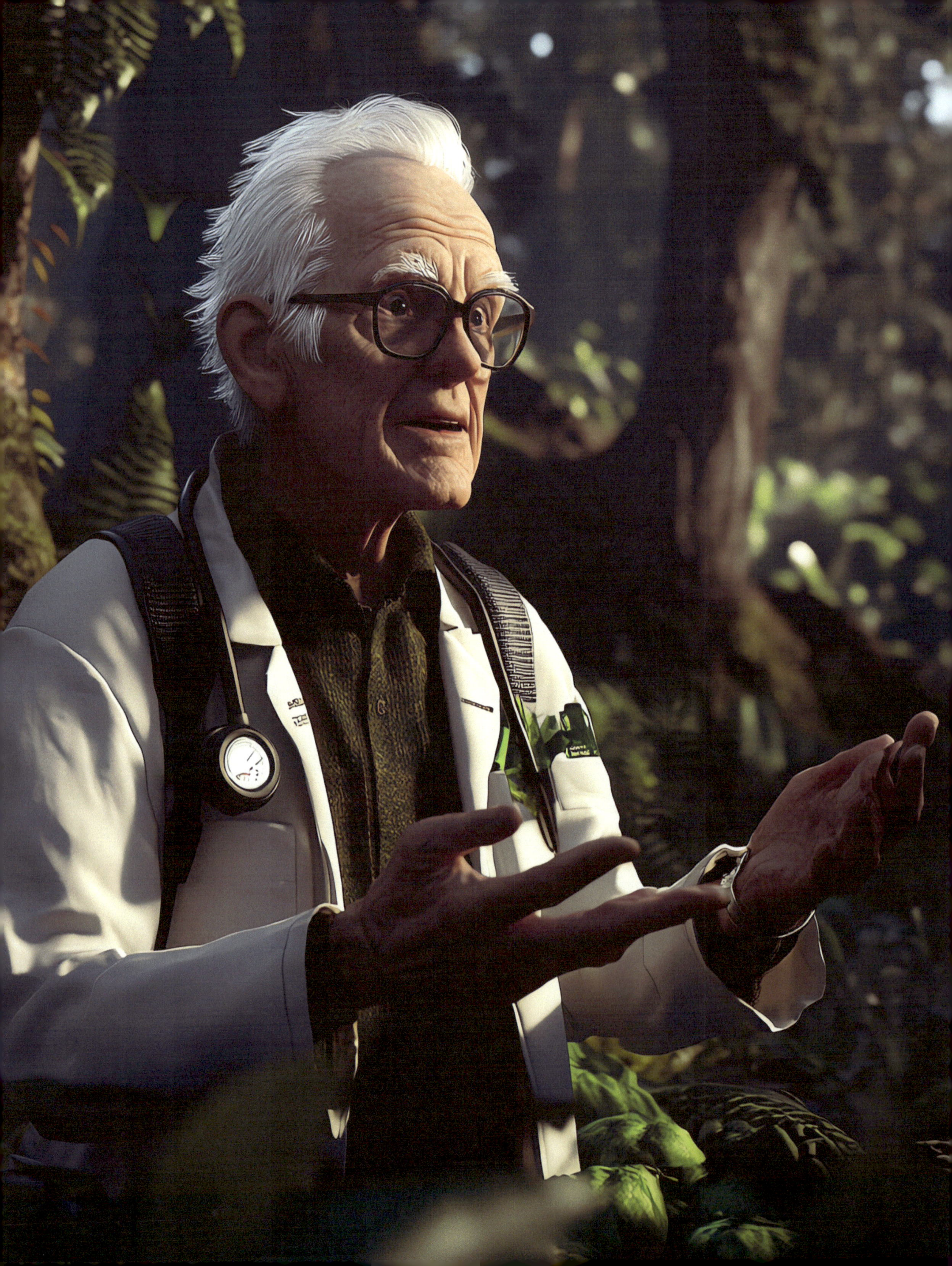

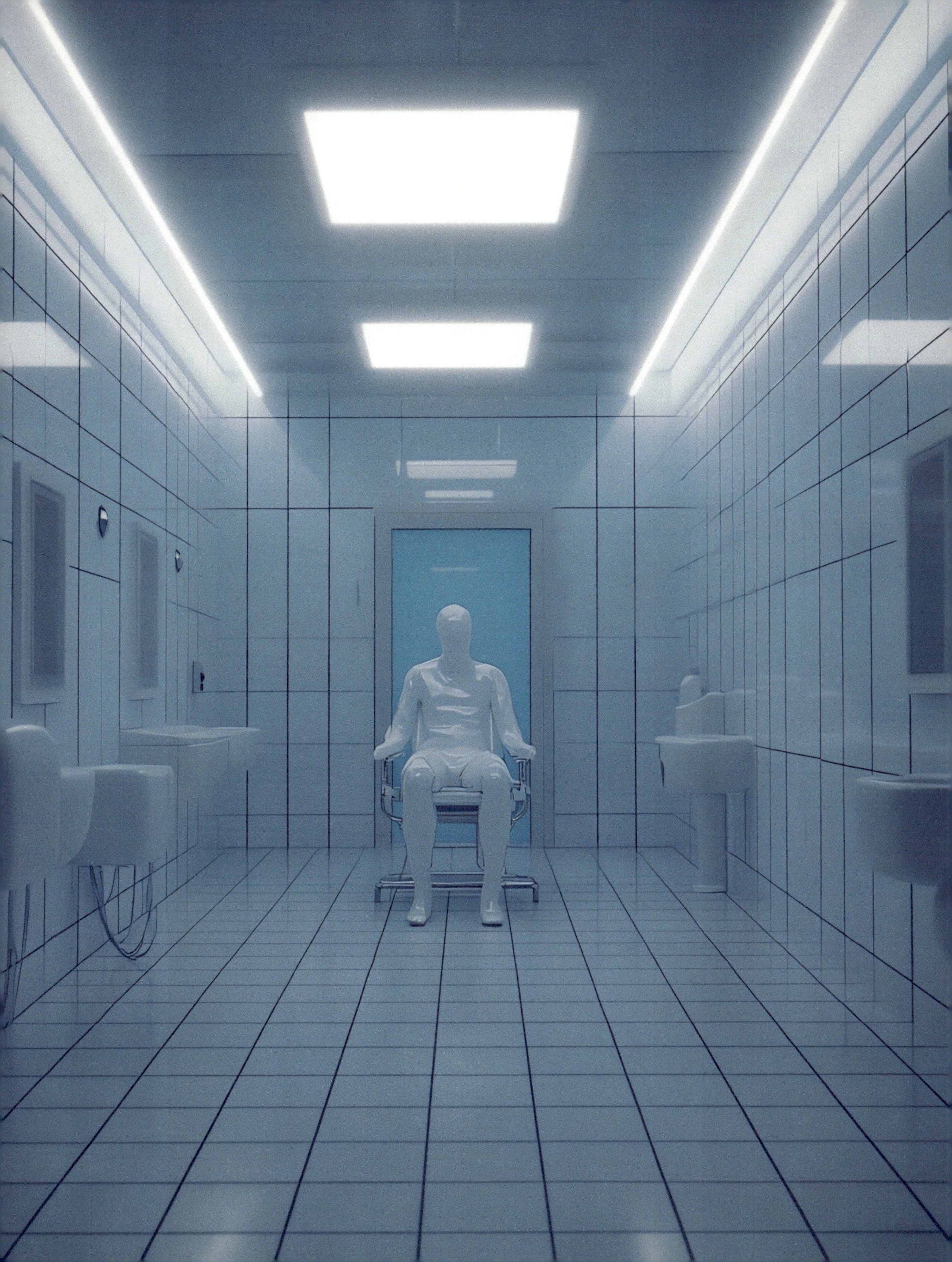

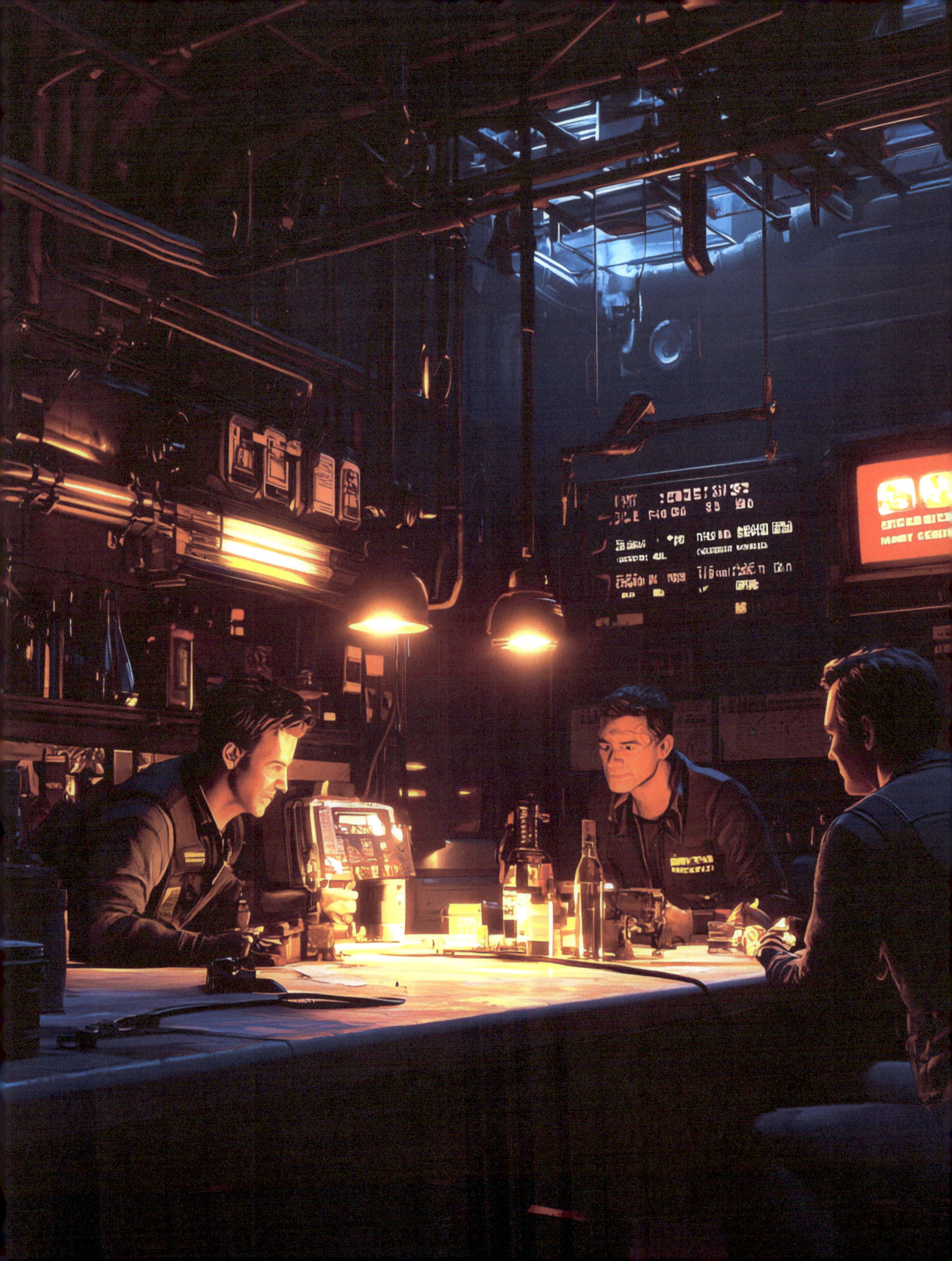

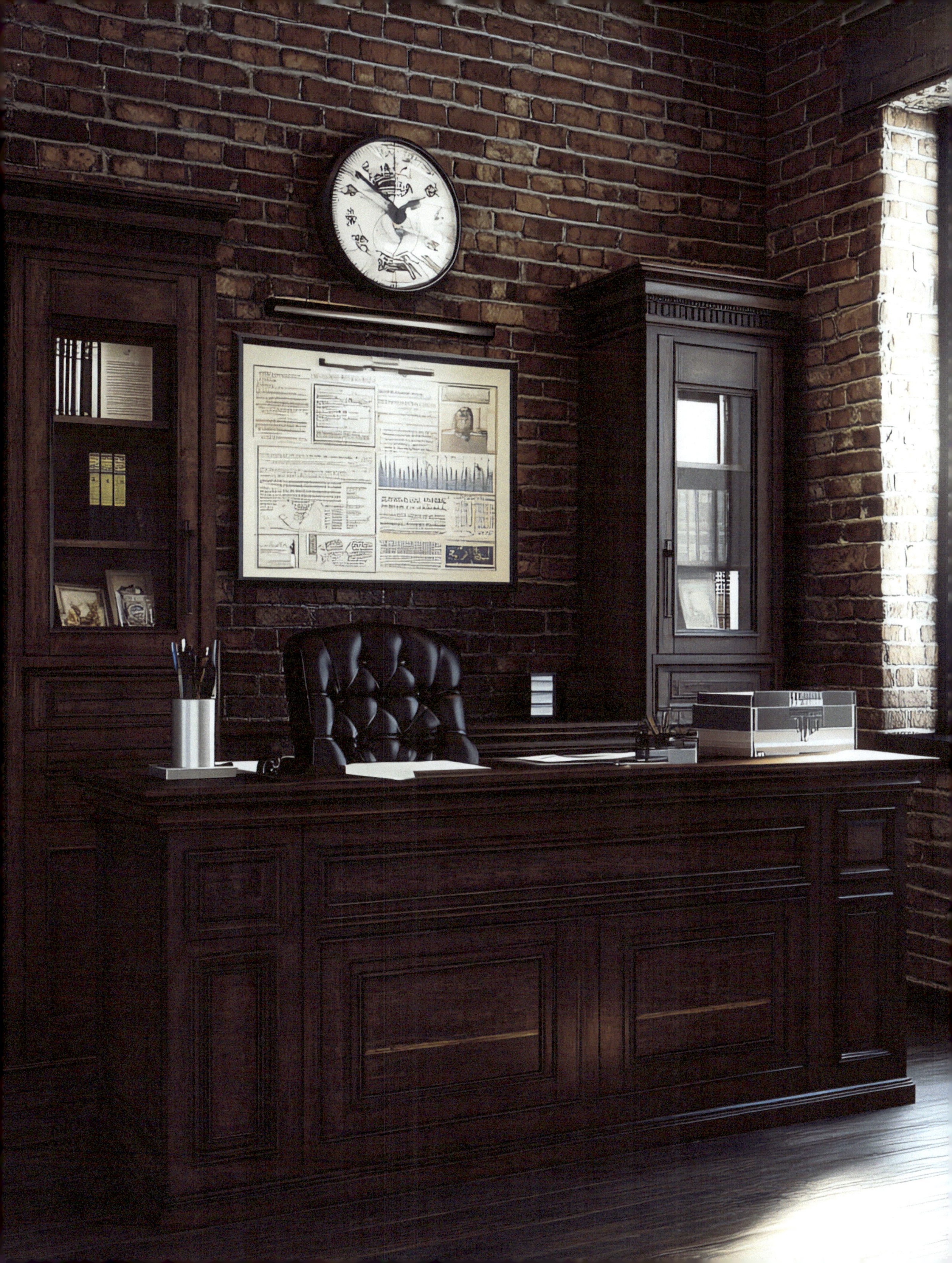

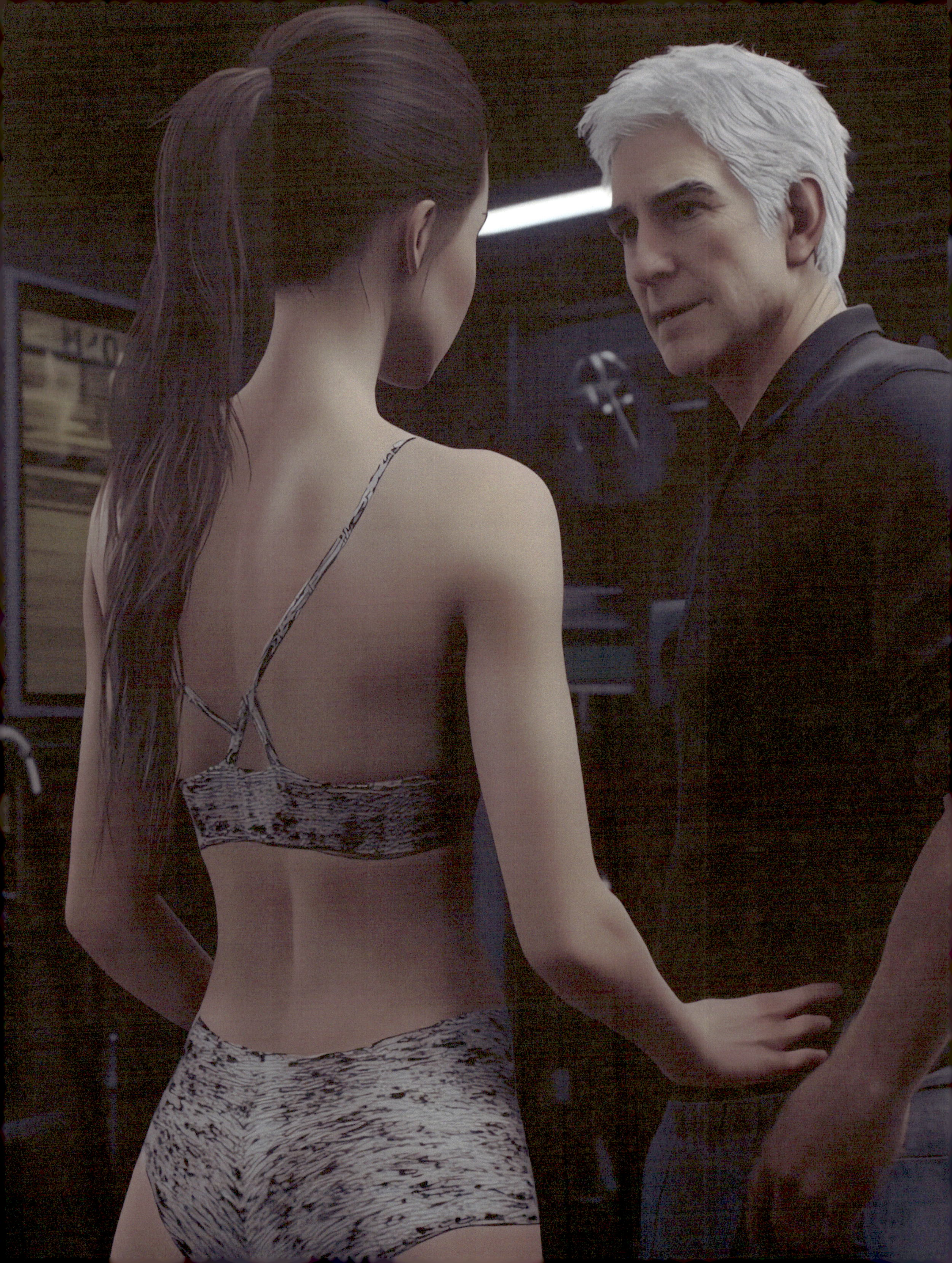

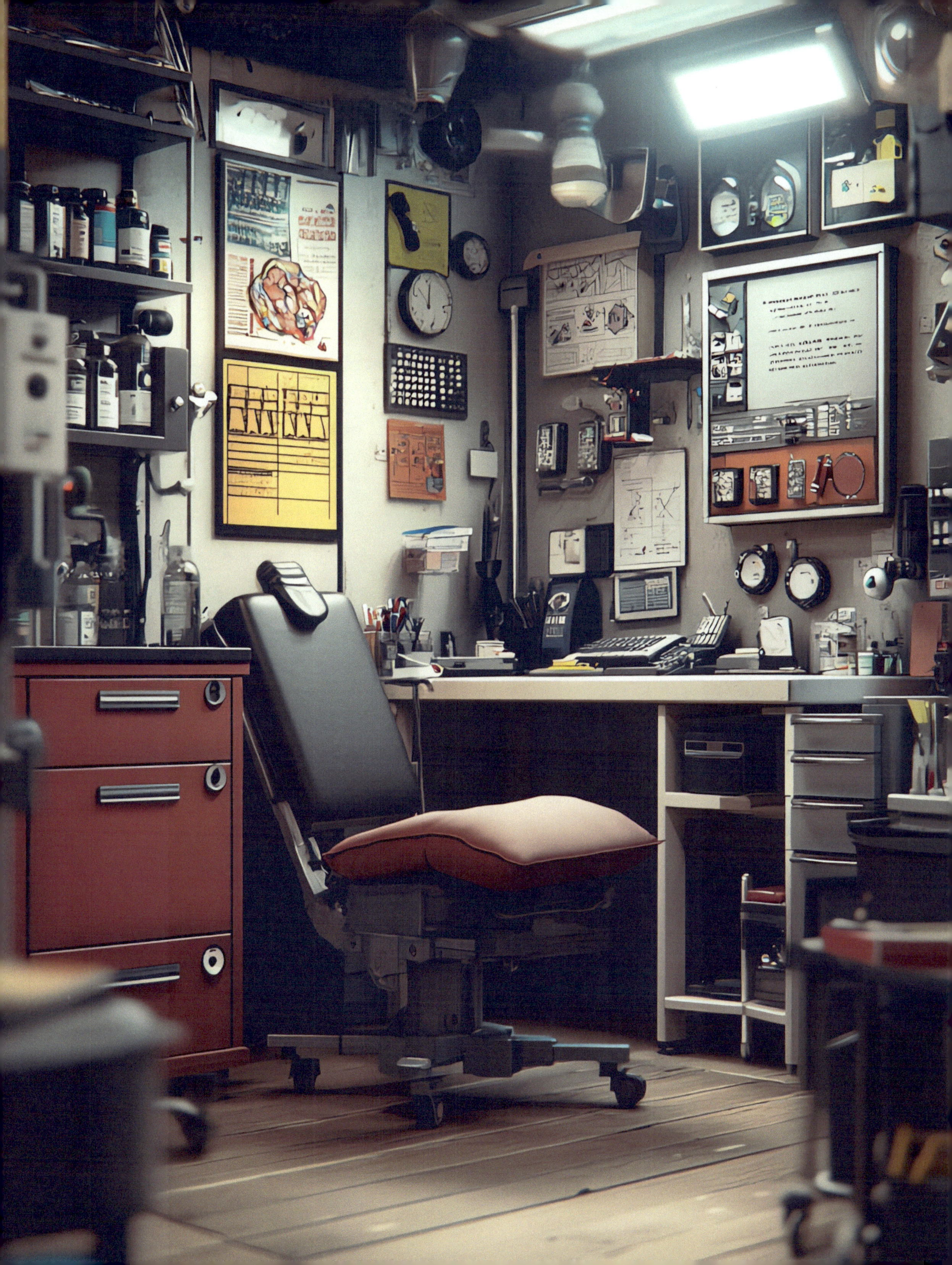

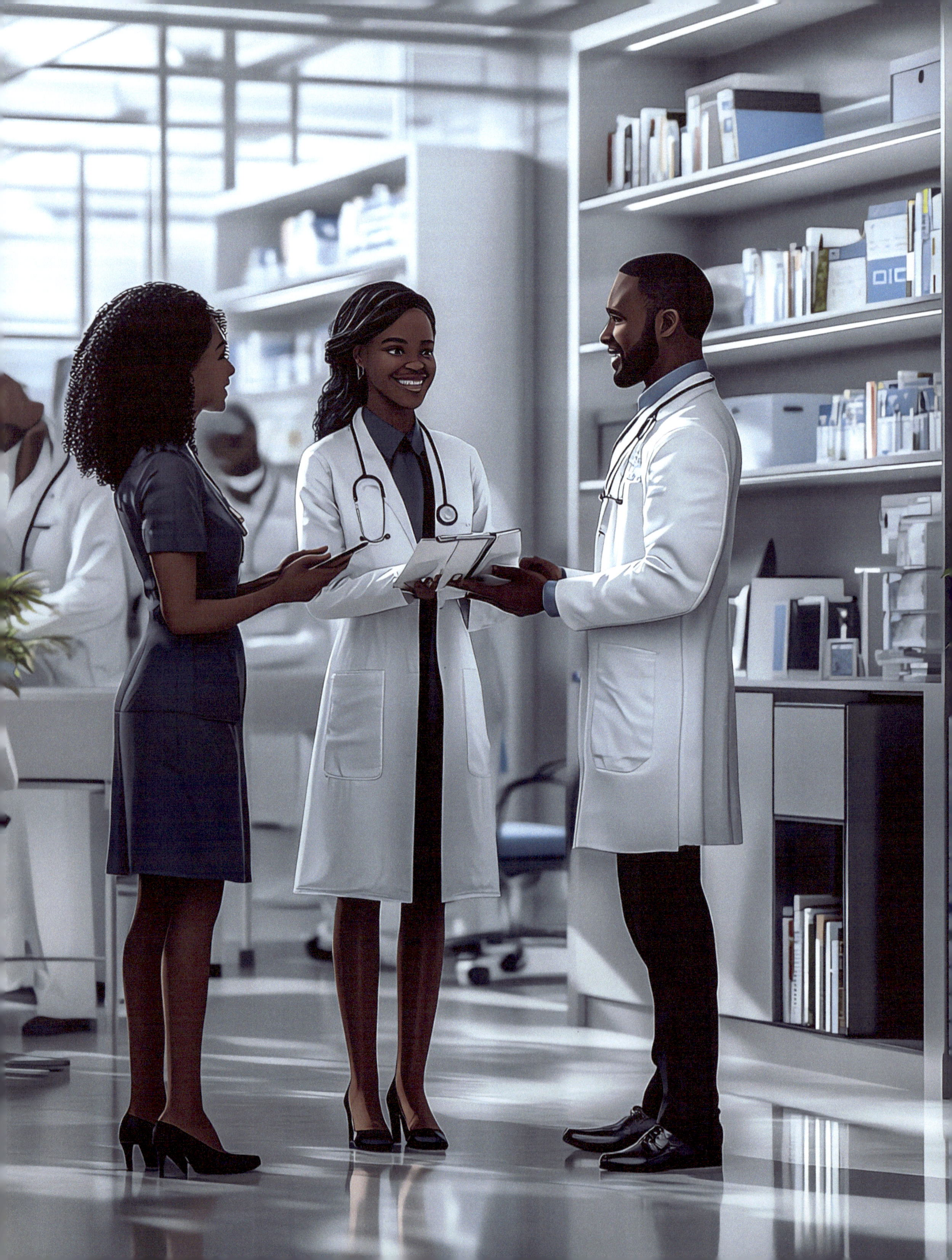

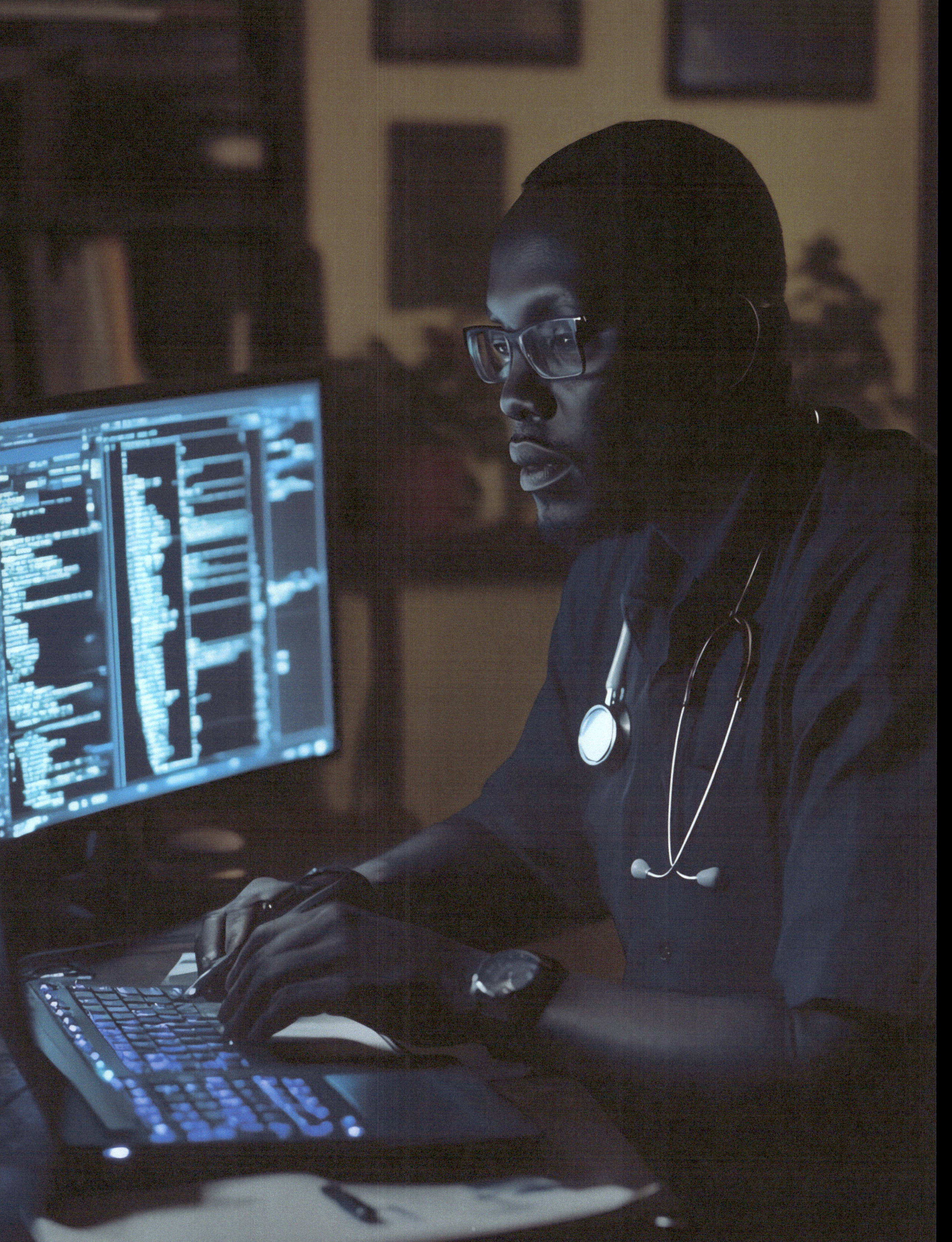

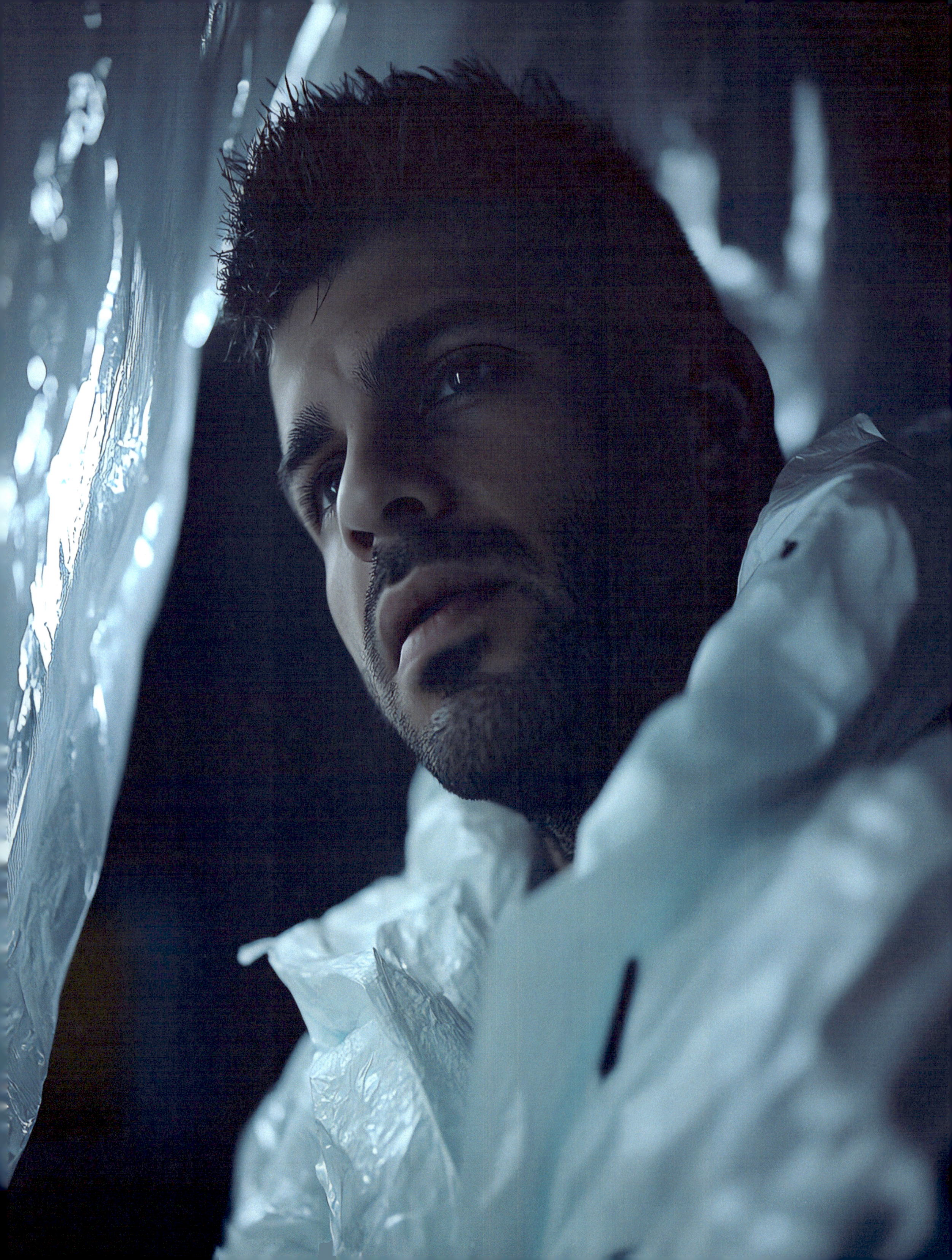

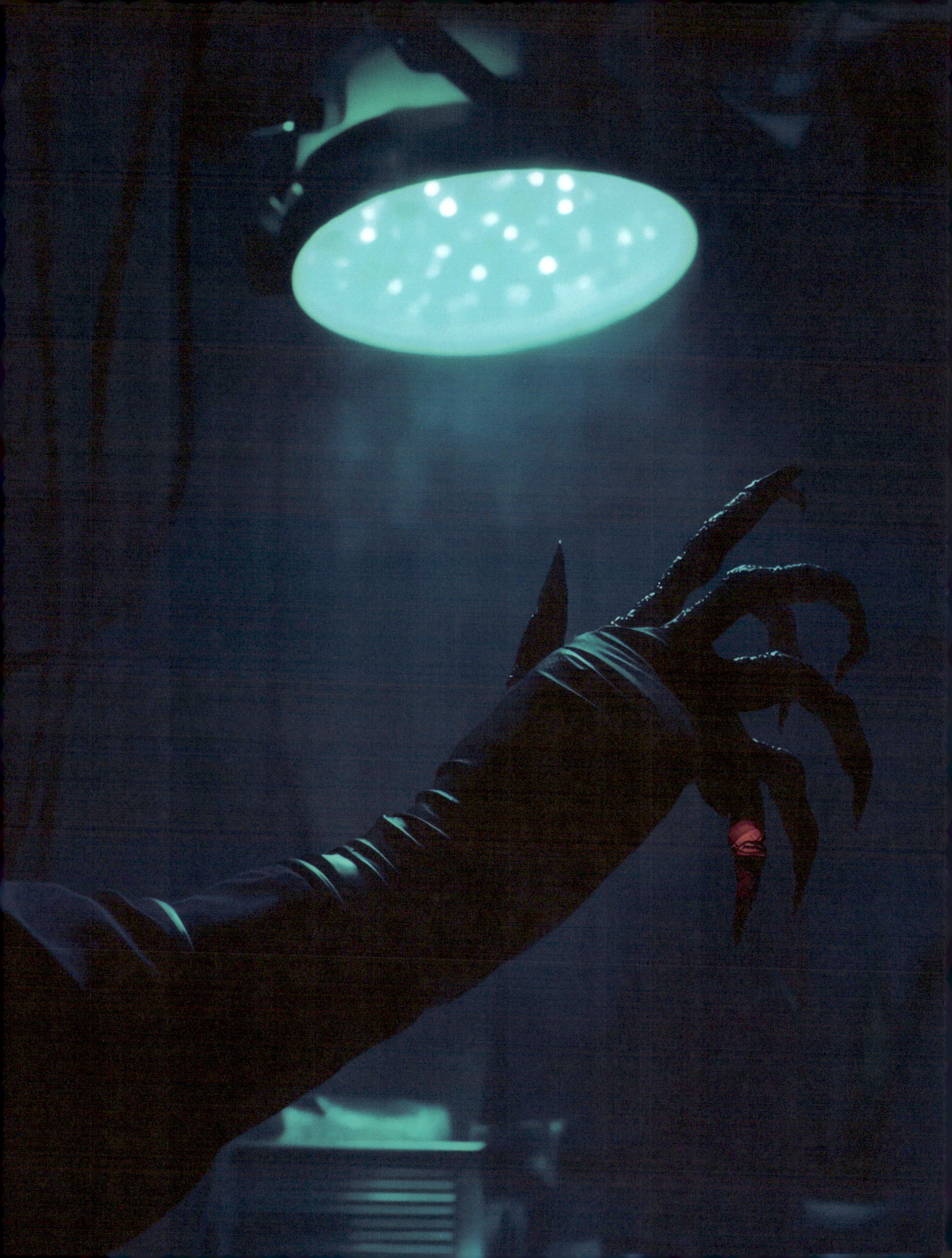

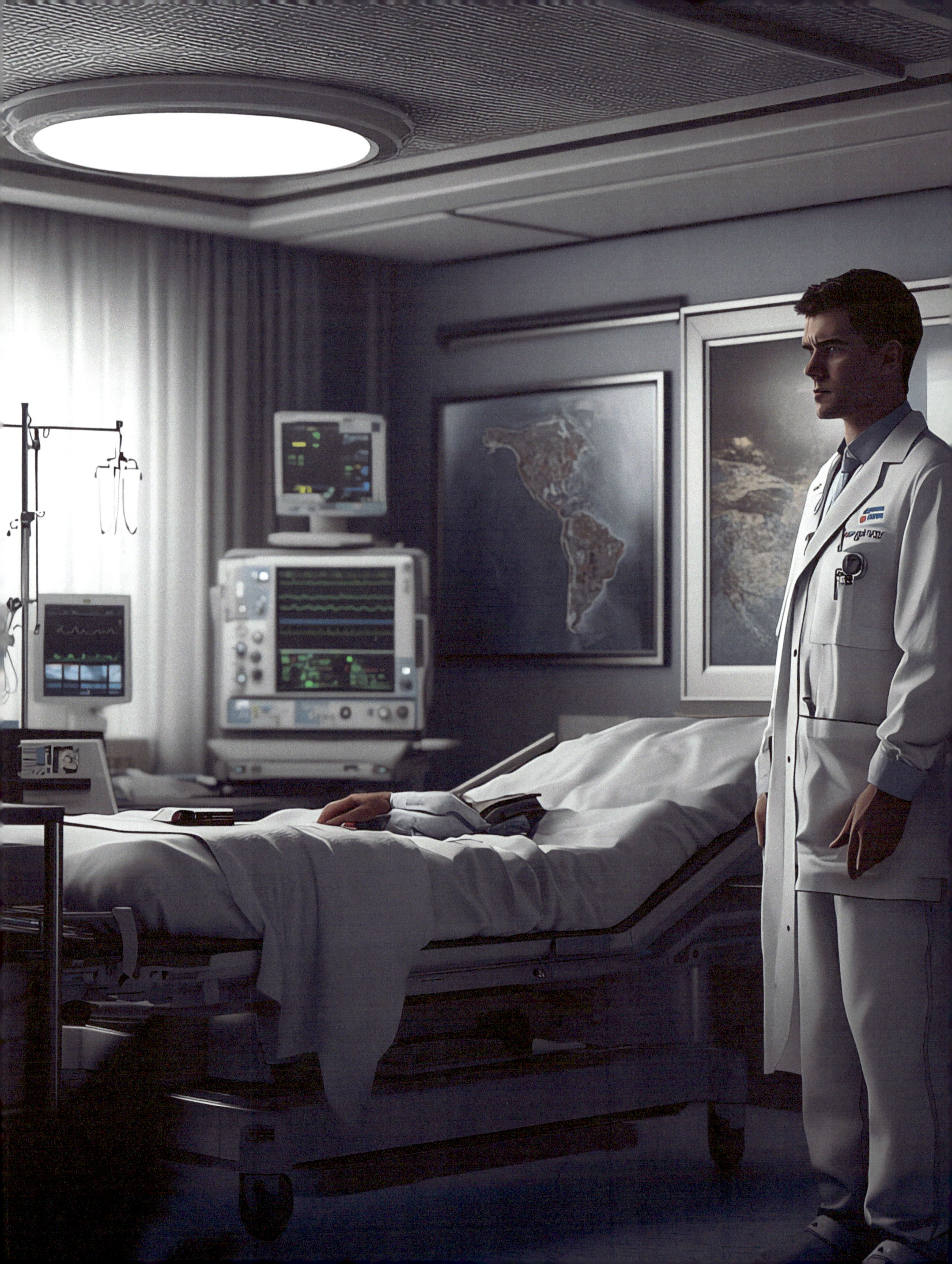

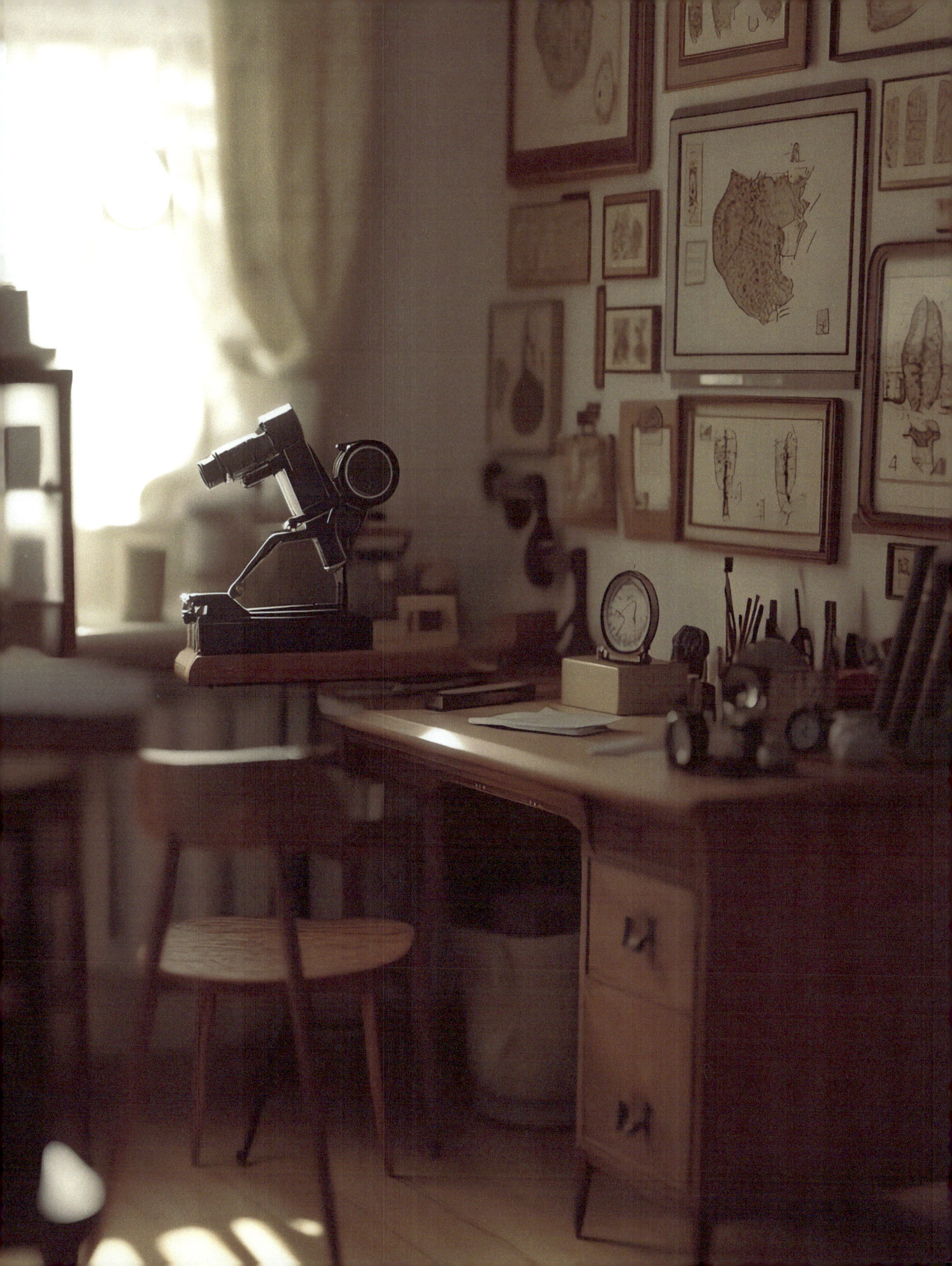

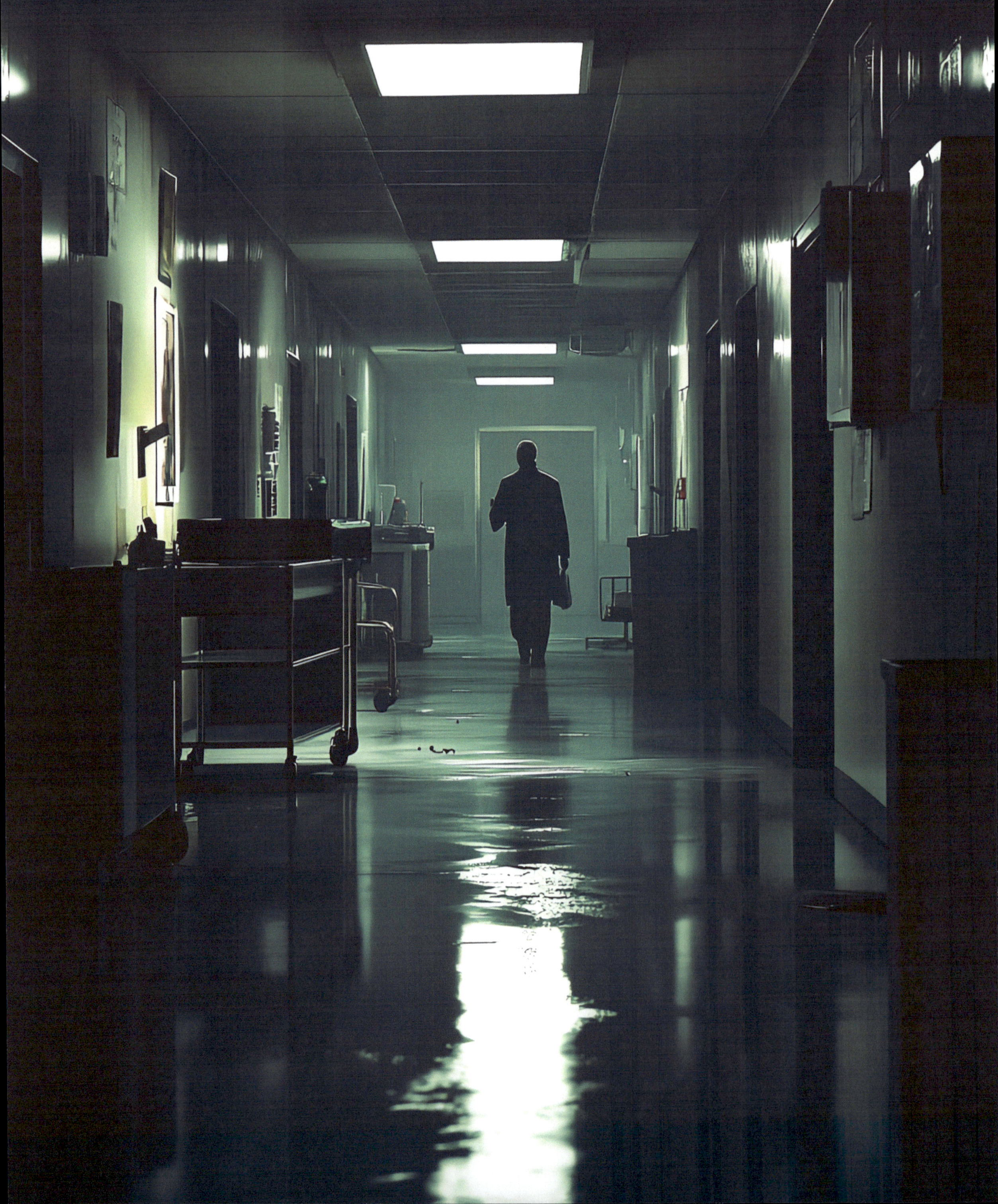

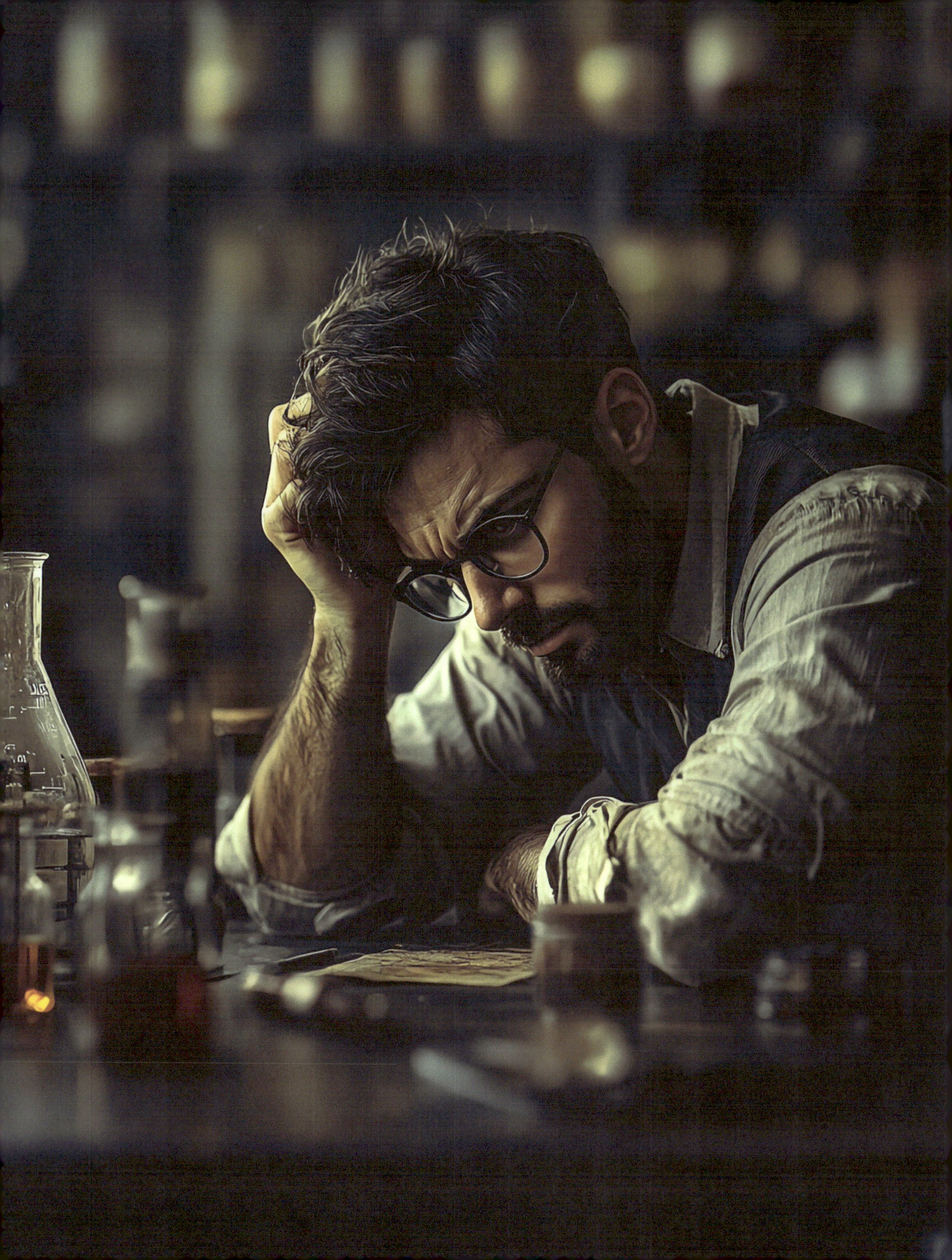

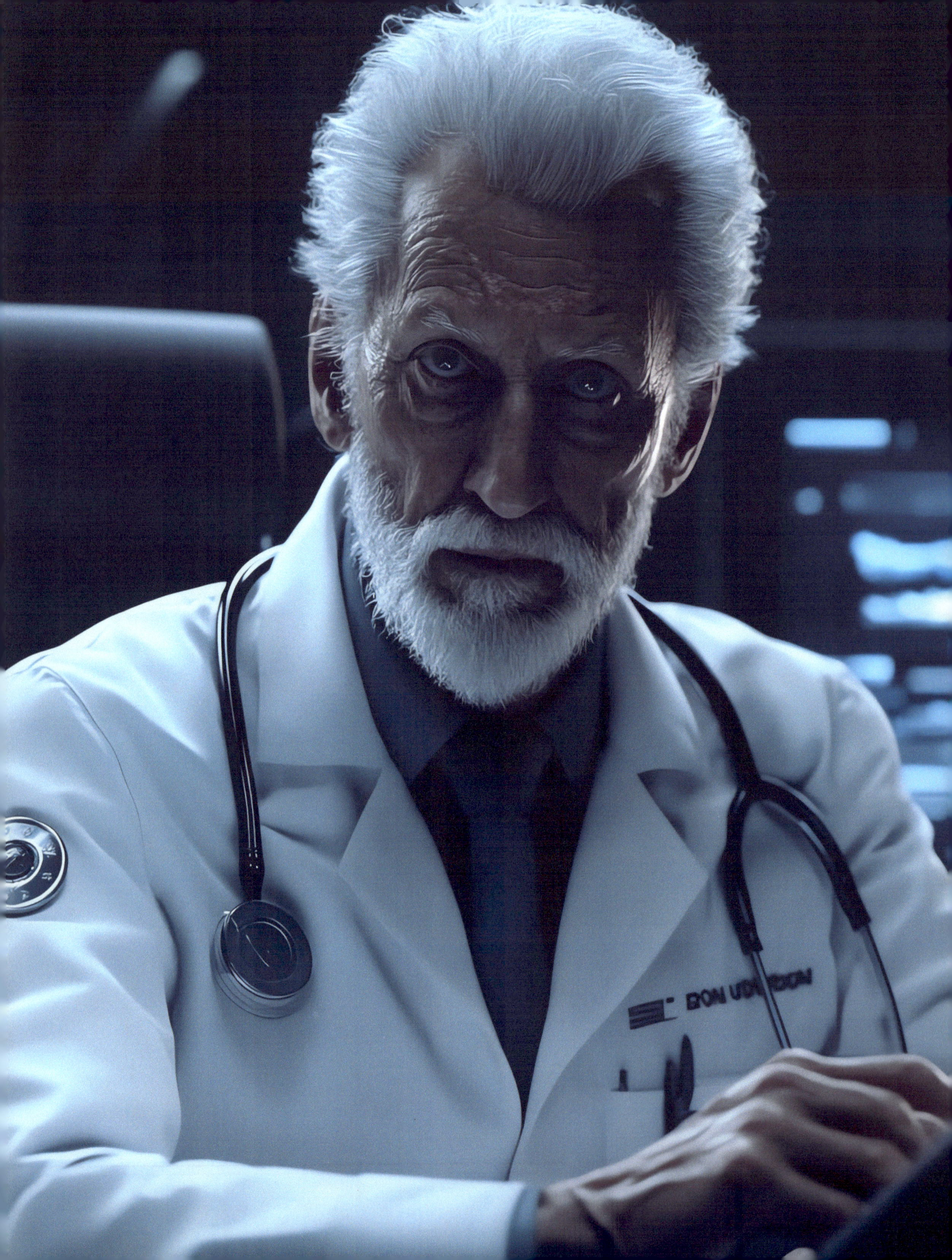

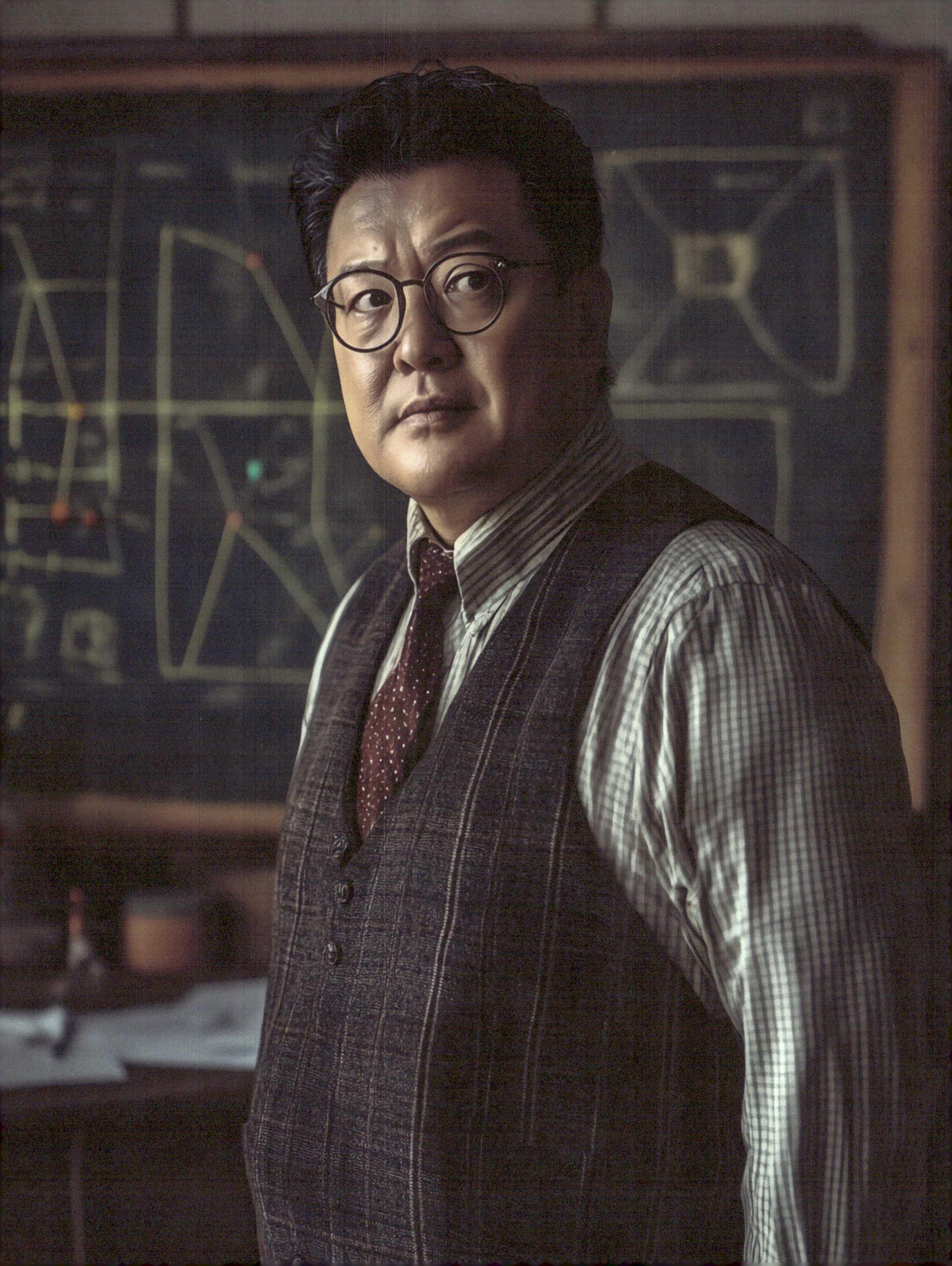

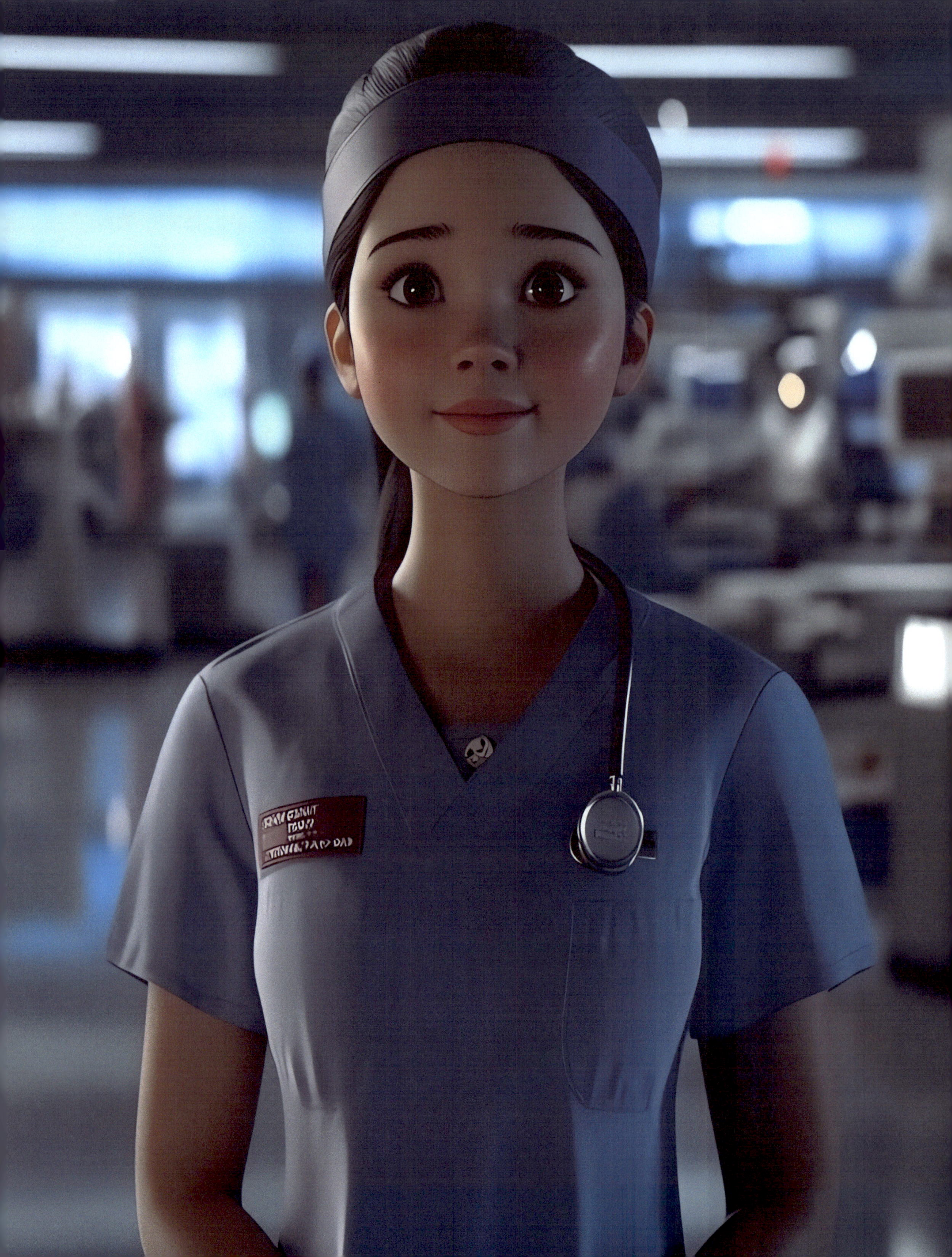

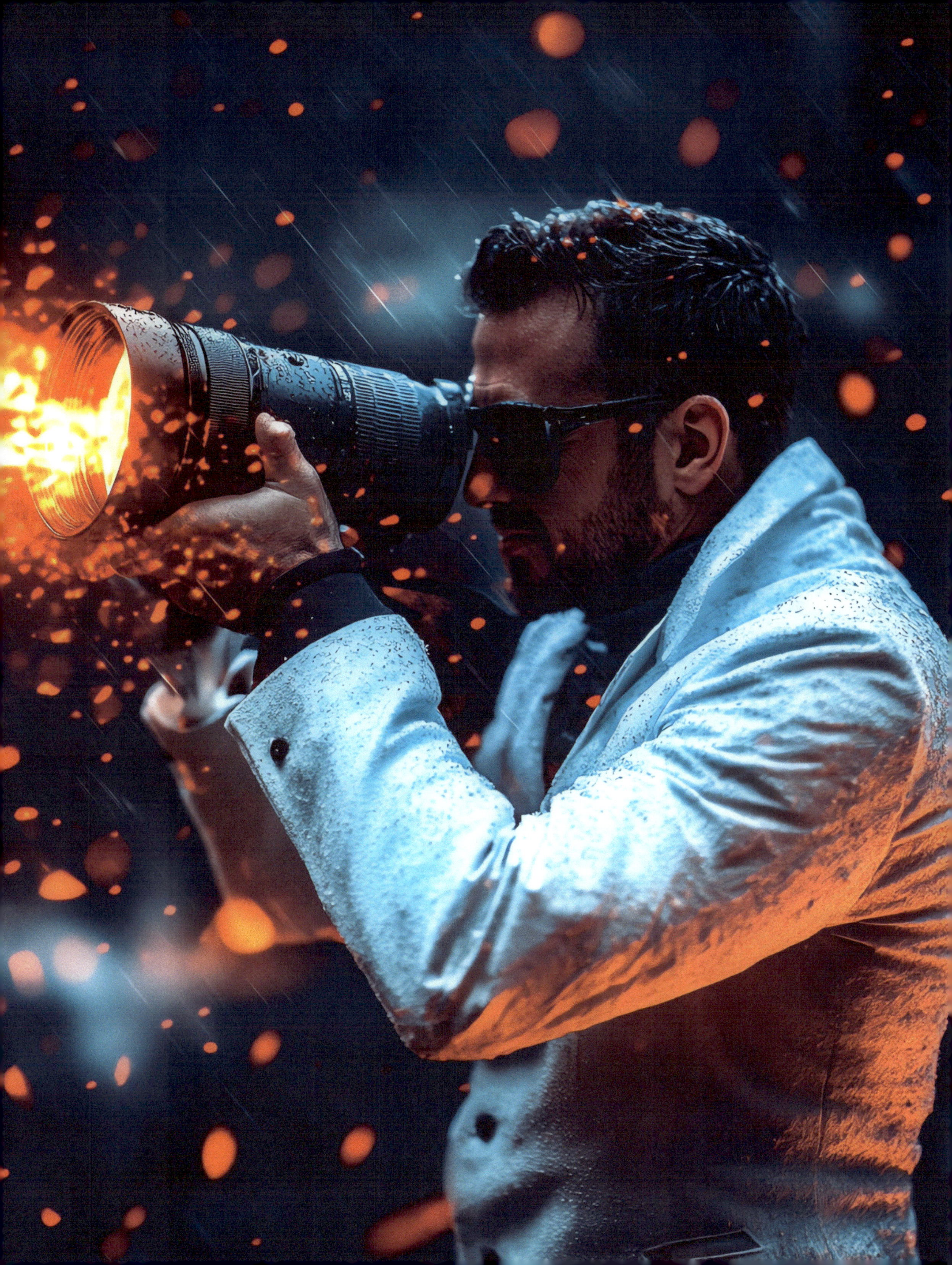

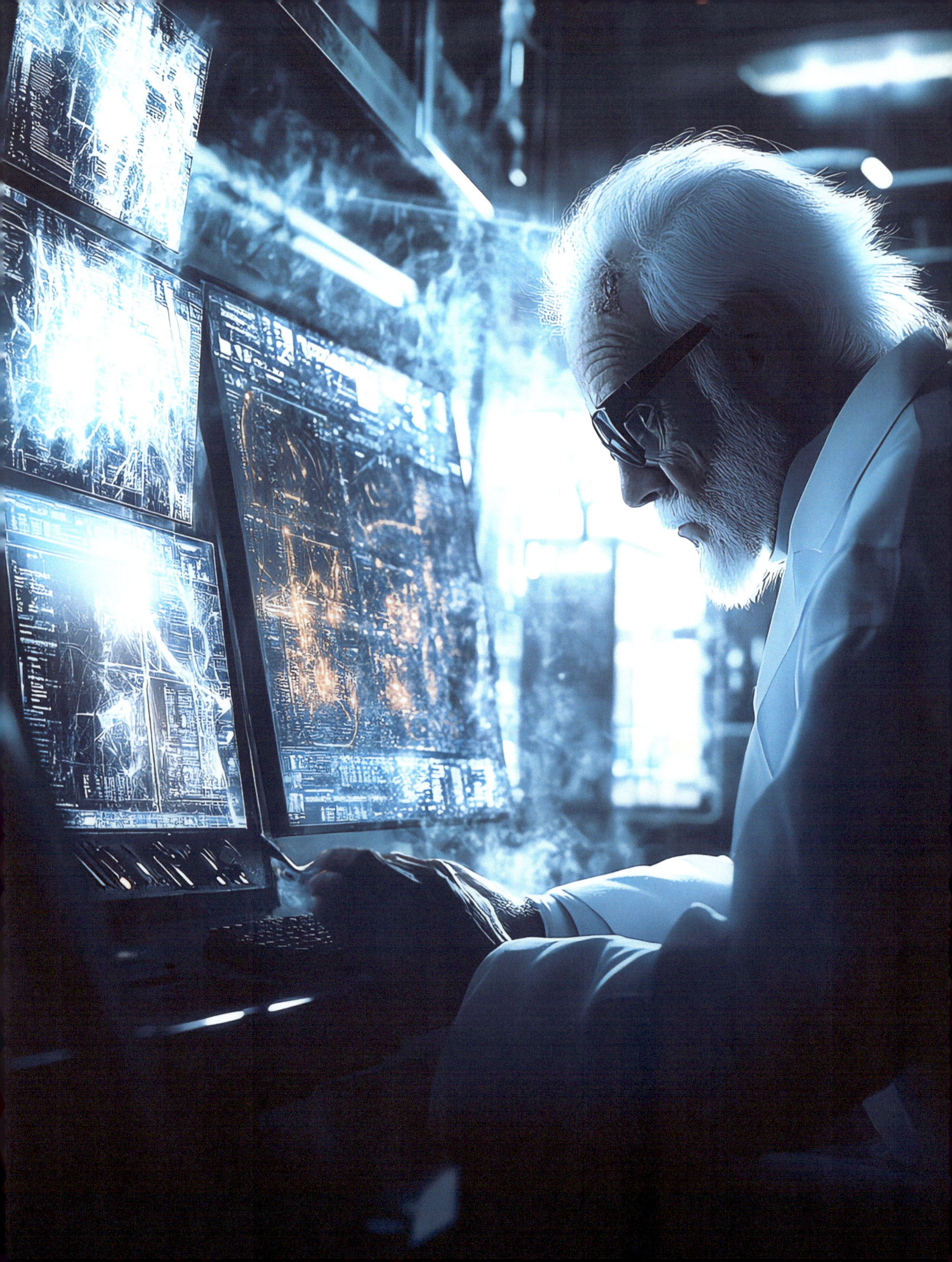

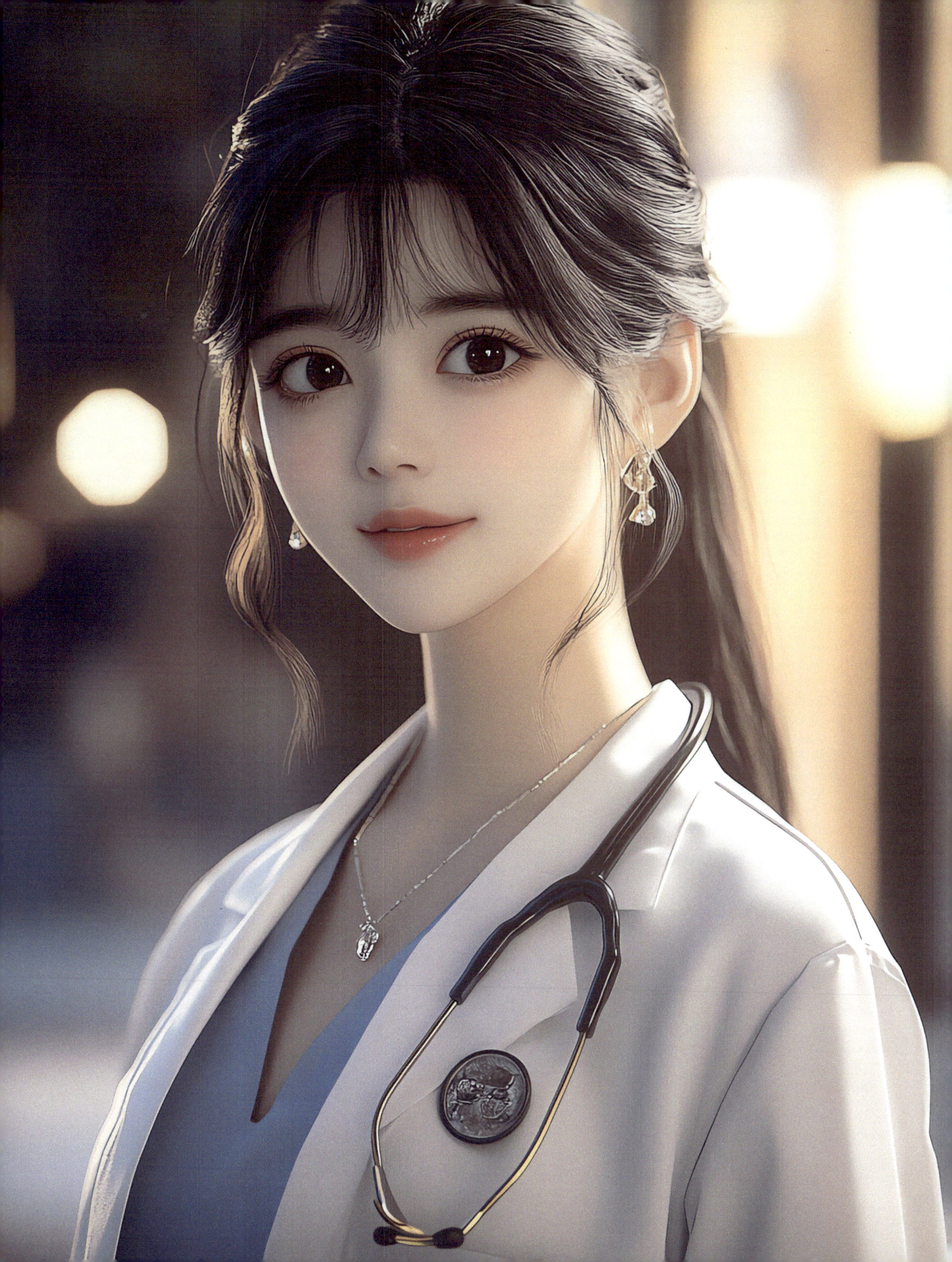

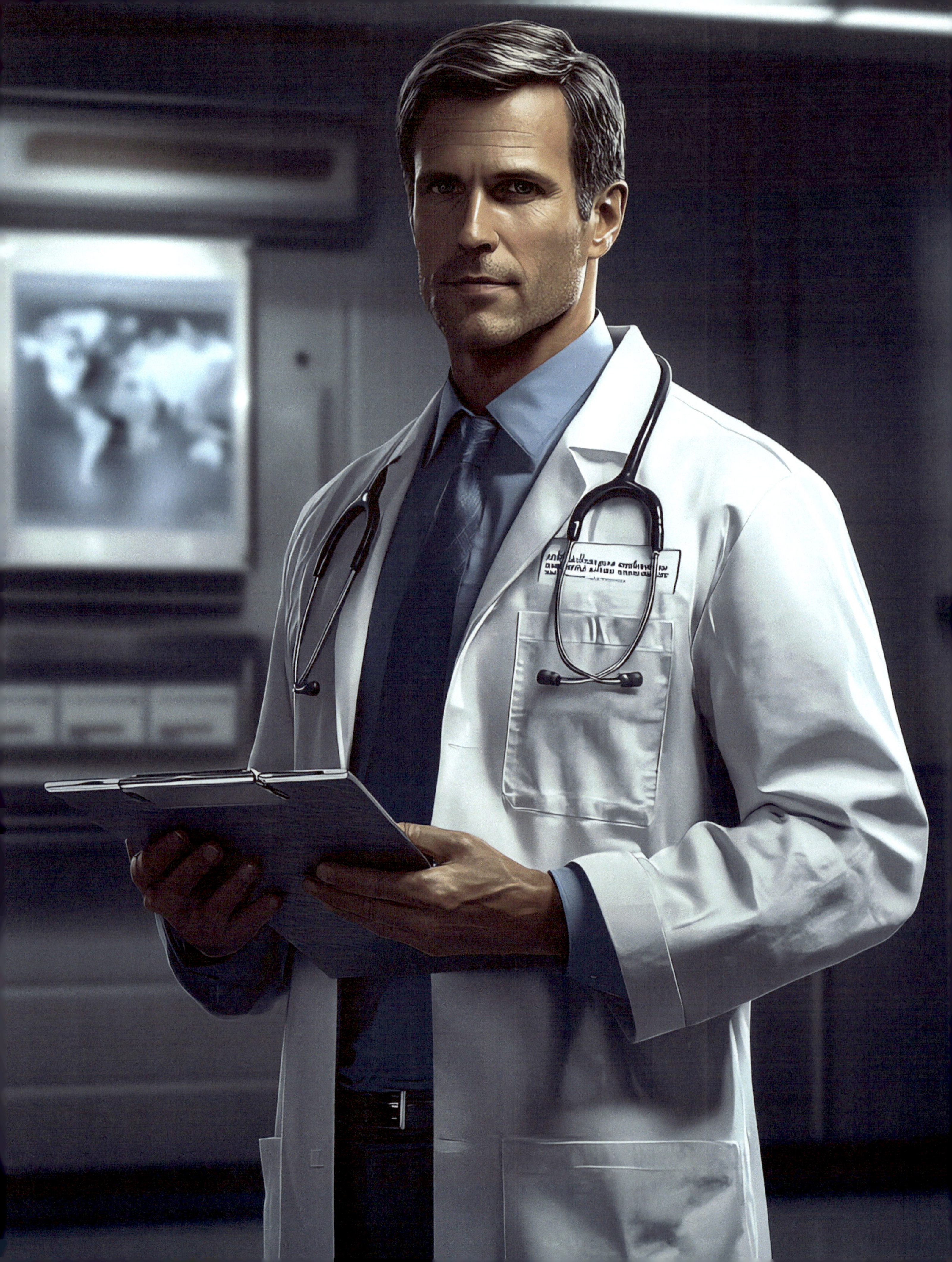

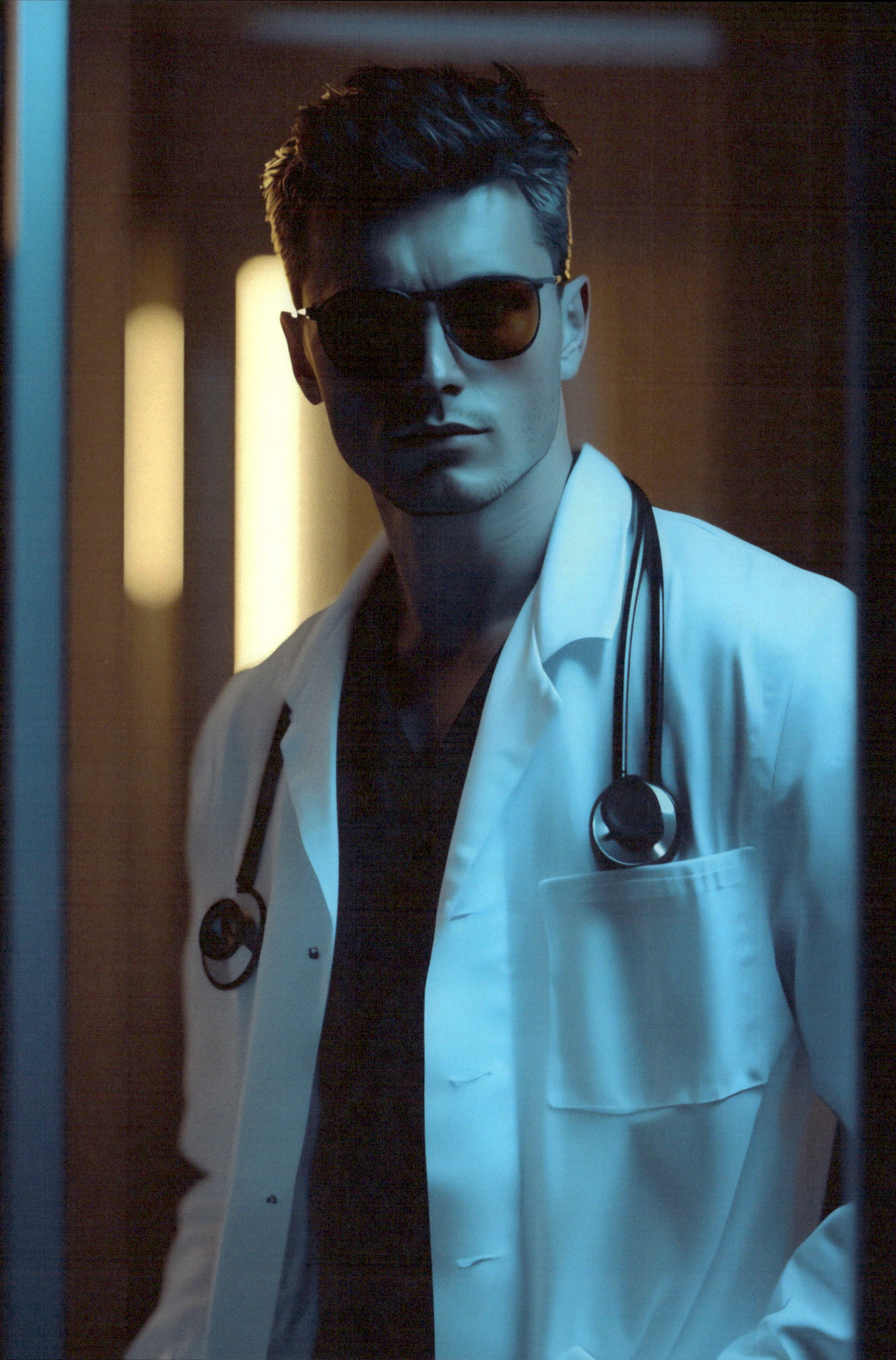

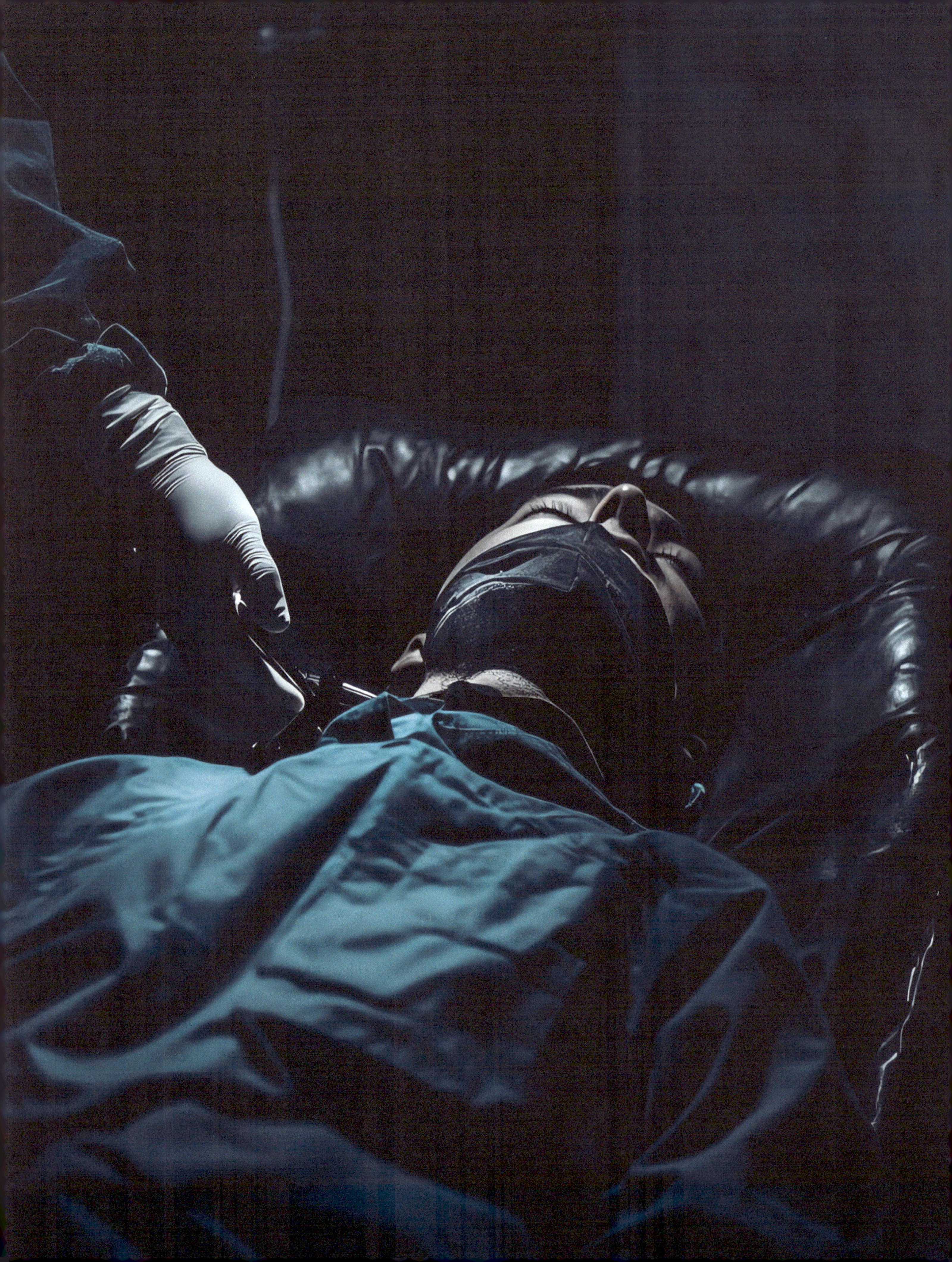

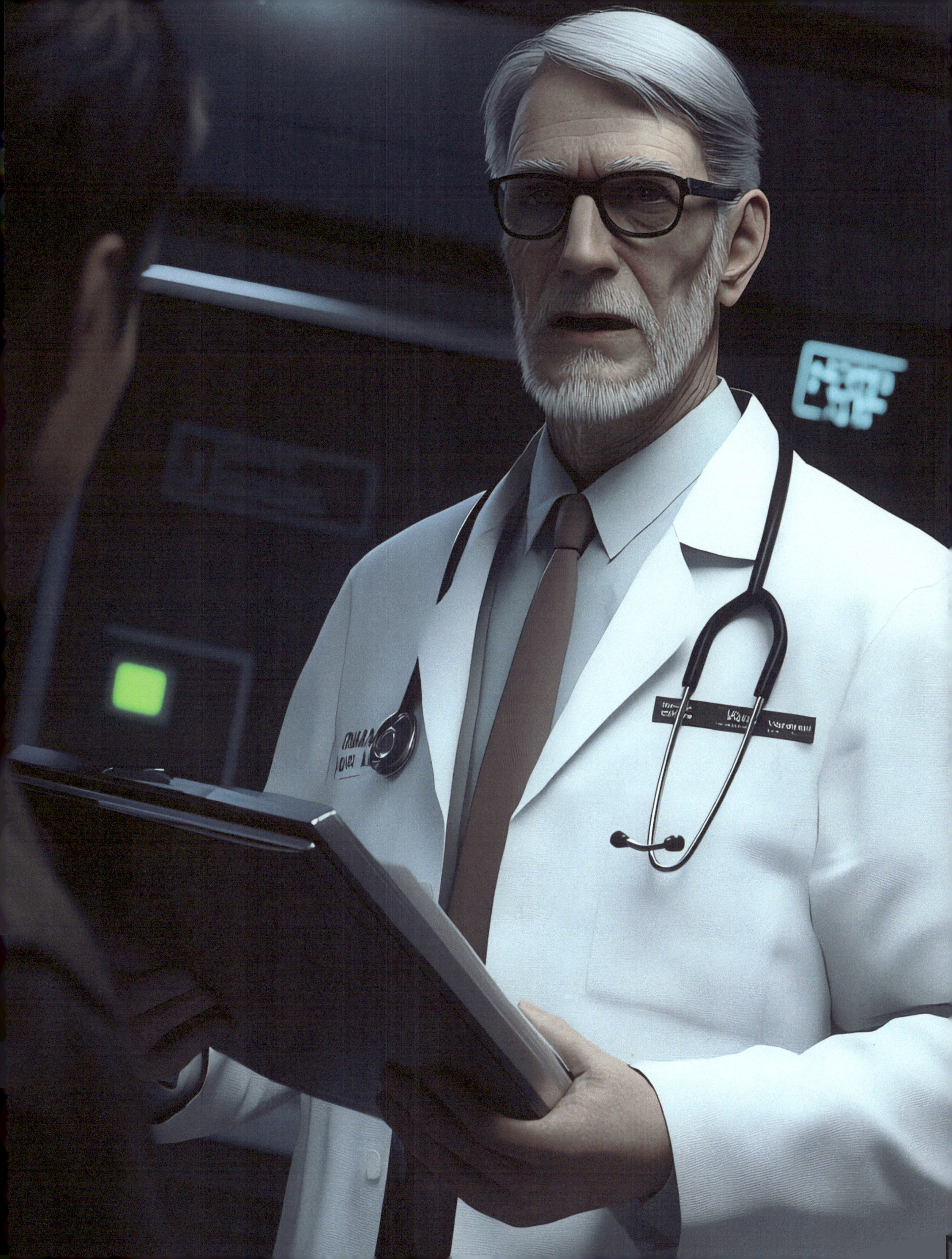

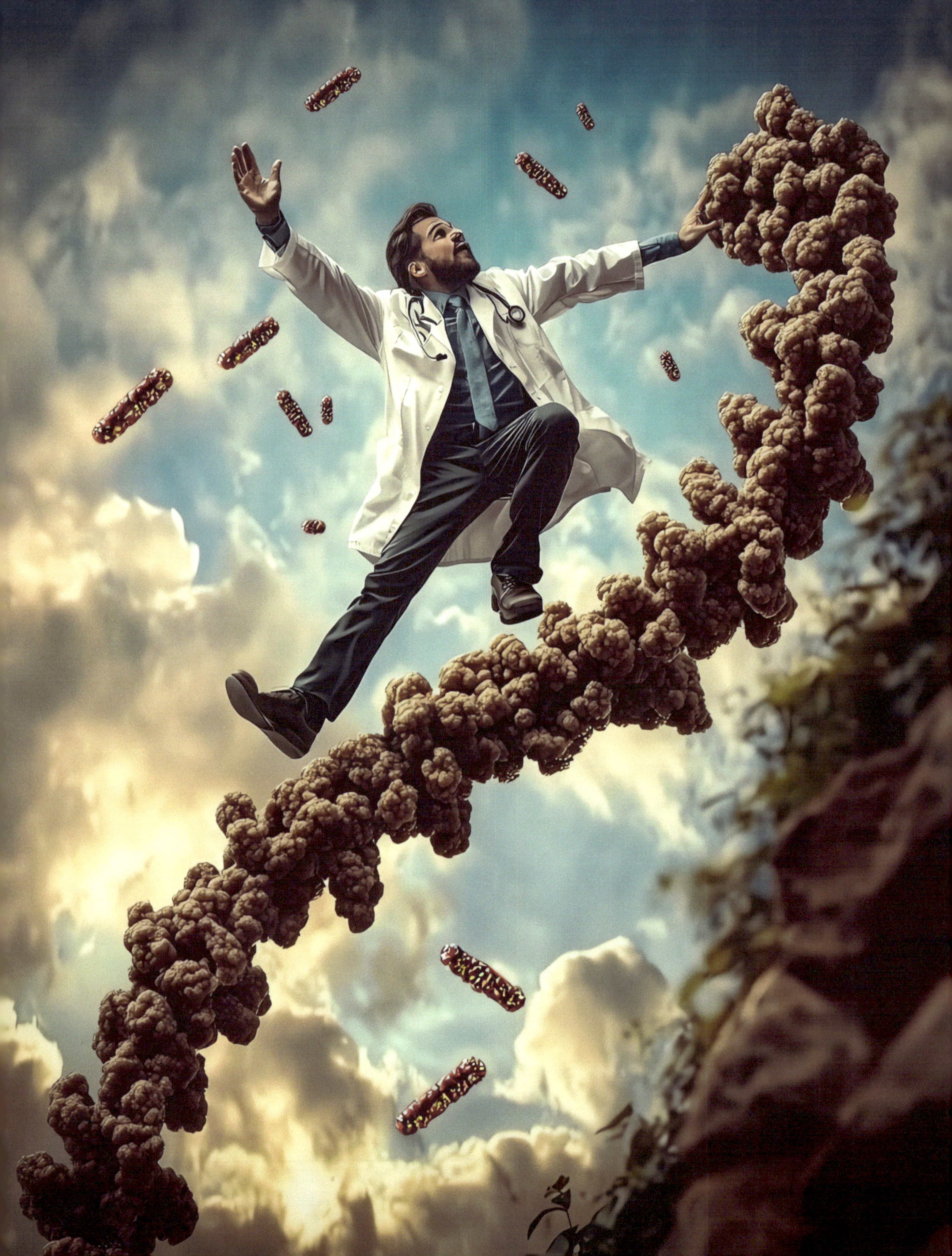

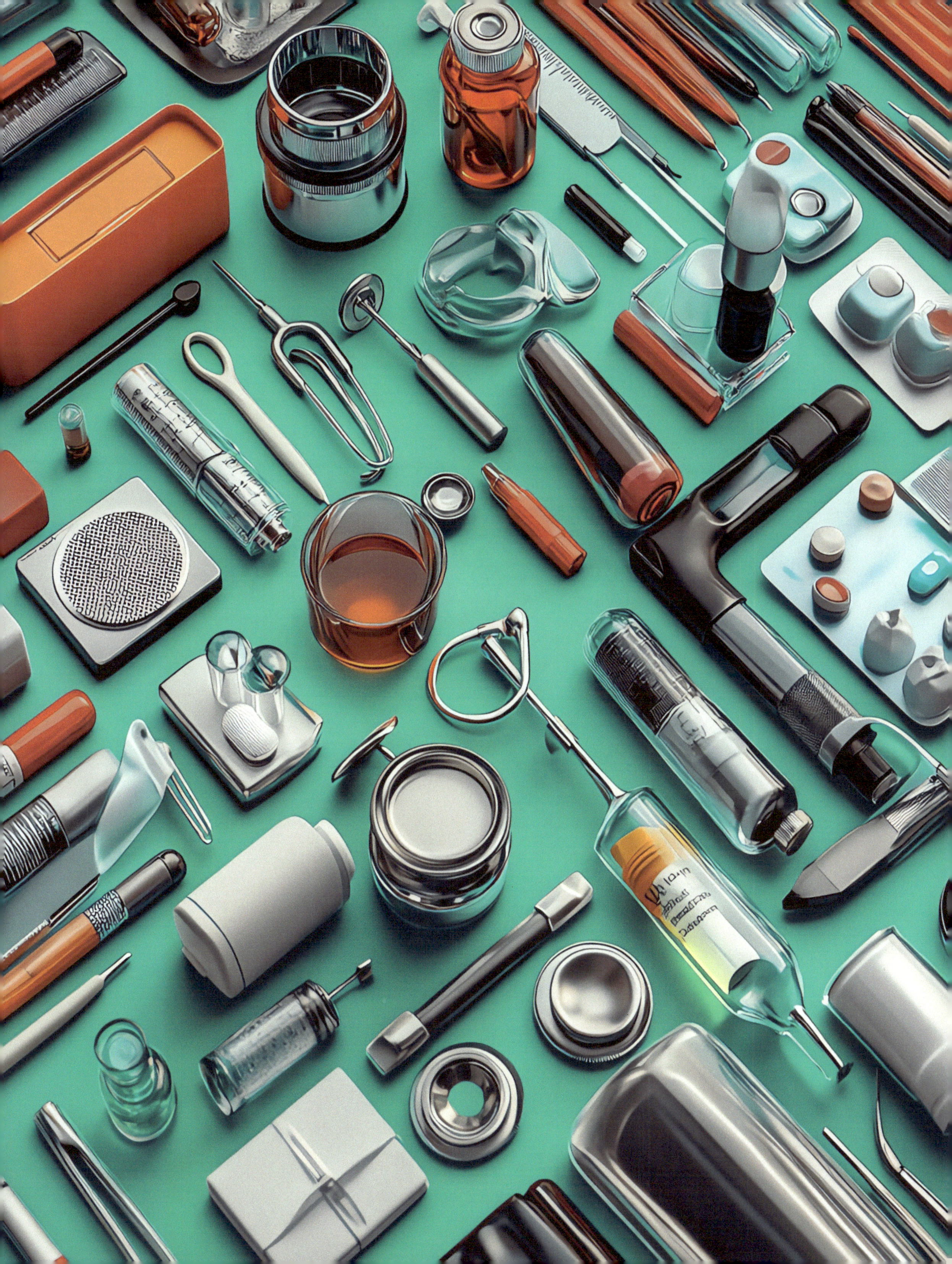

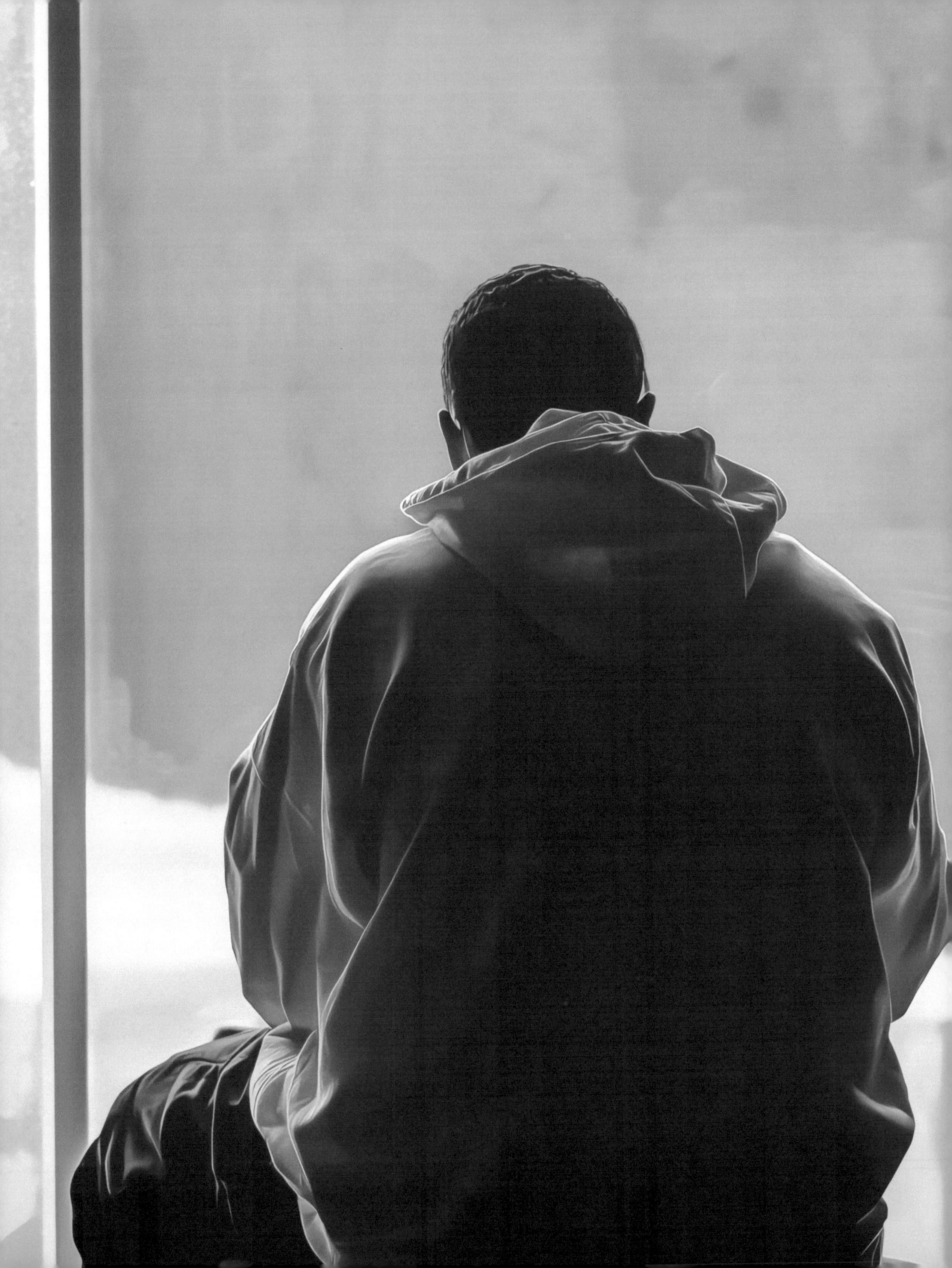

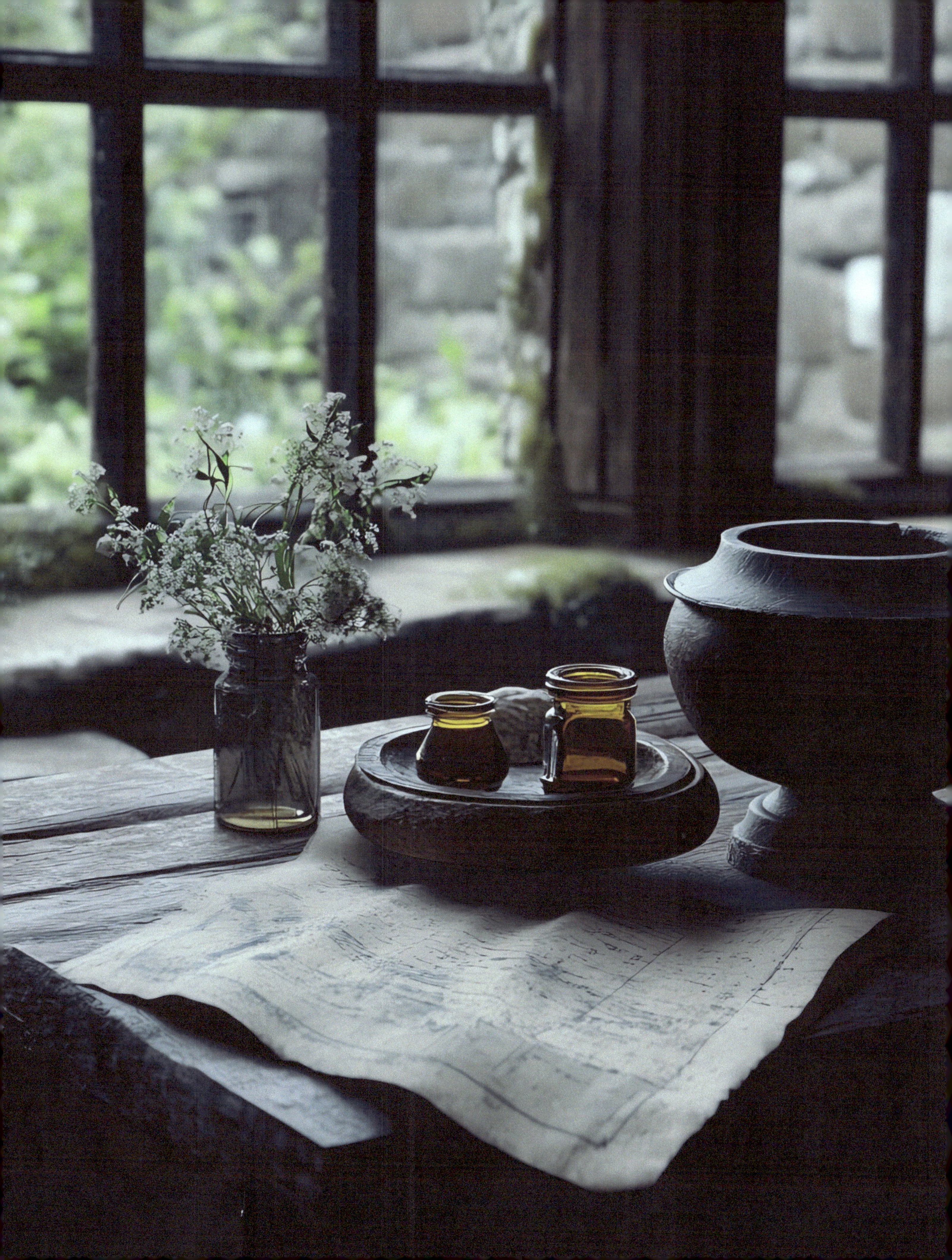

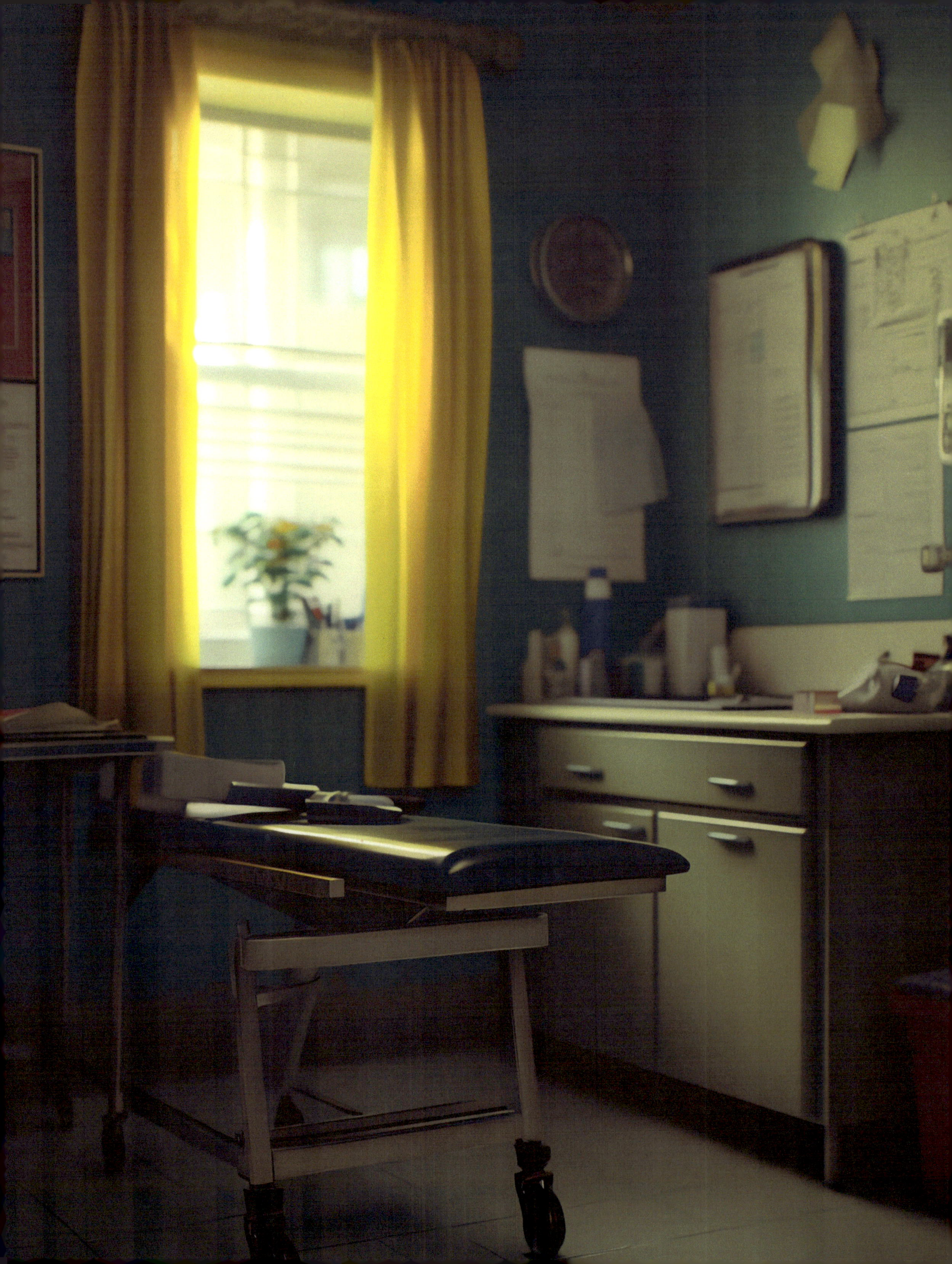

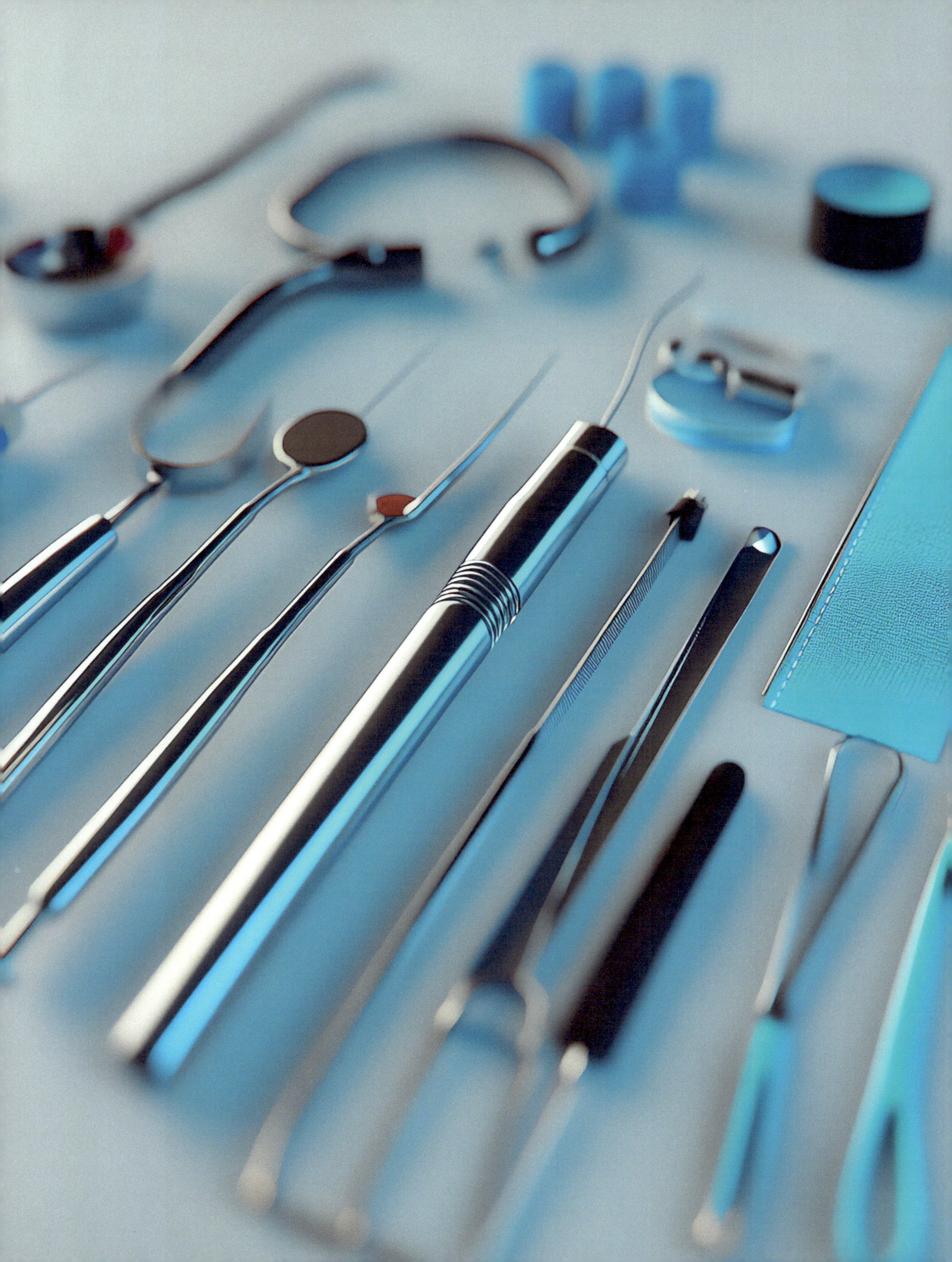

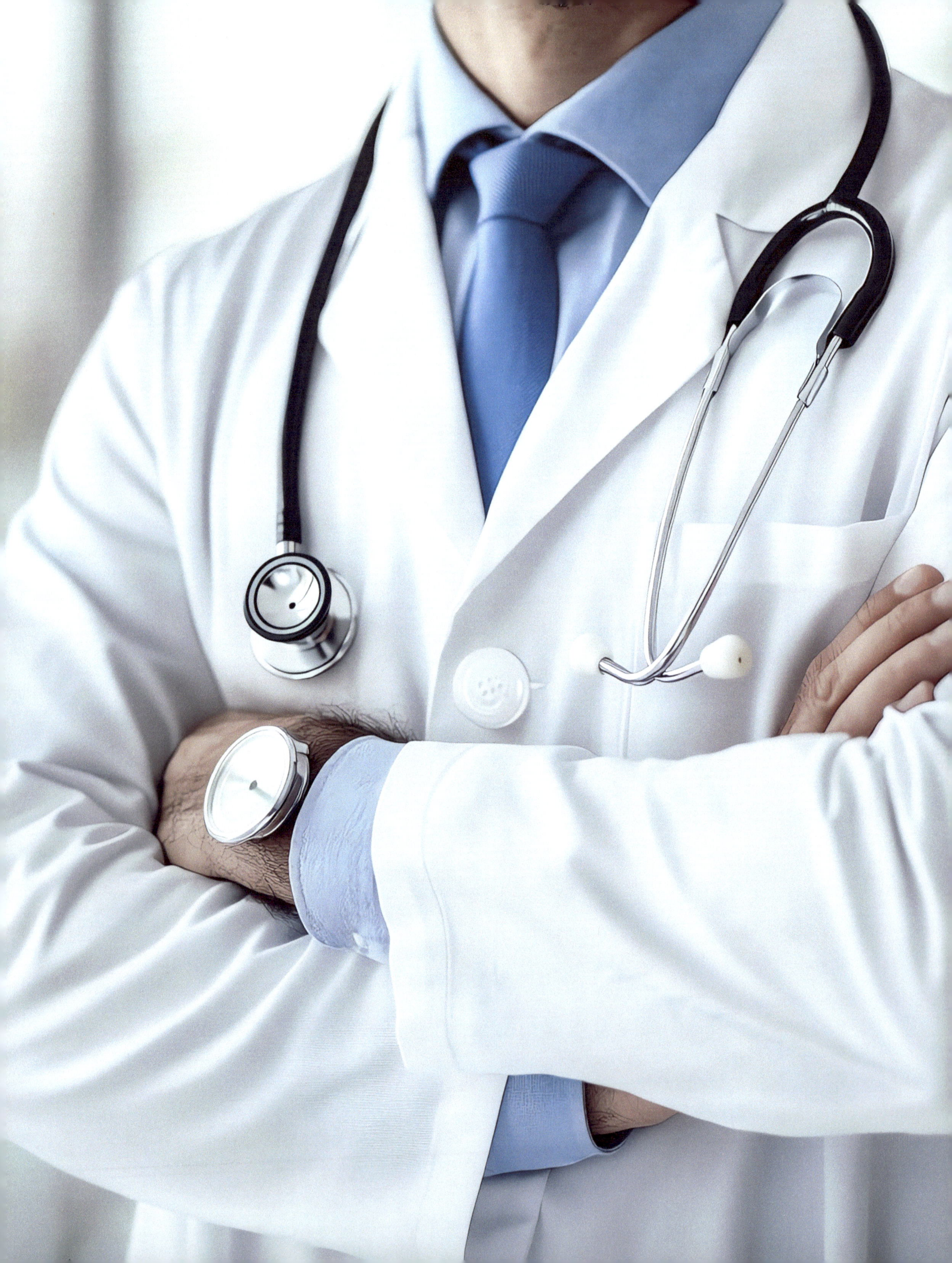

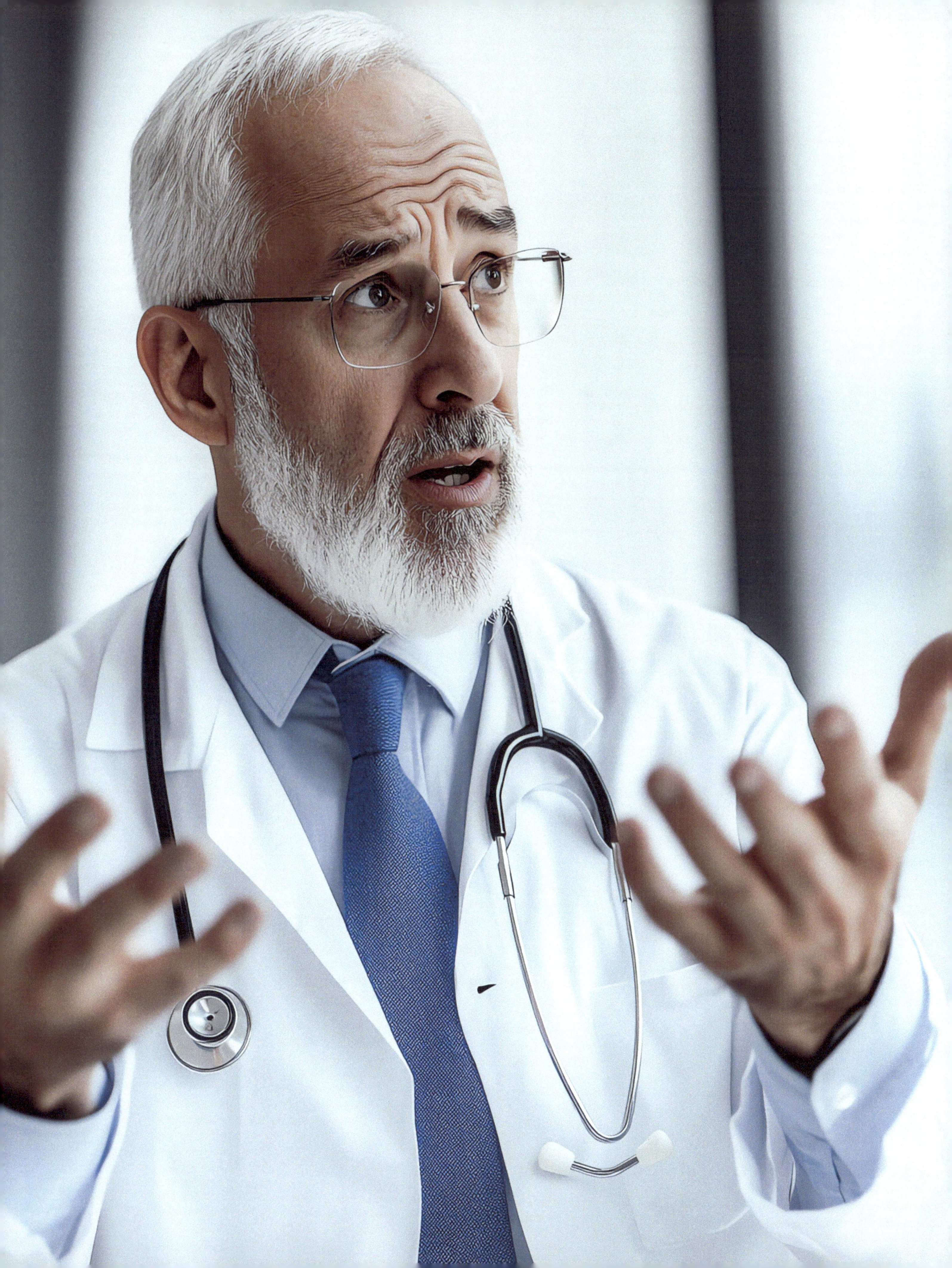

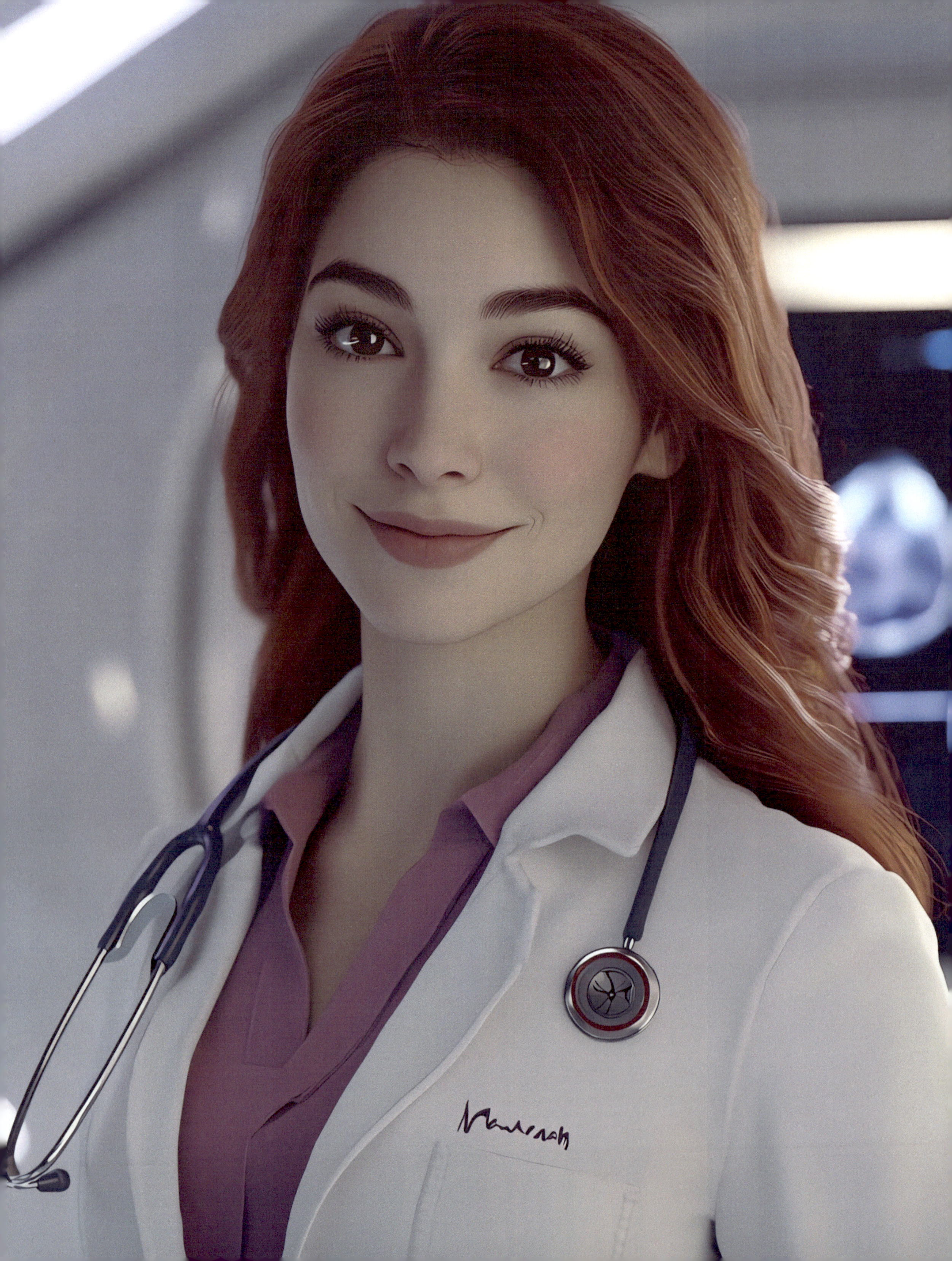